/ 当代世界农业丛书 /

乌克兰农业

魏凤　　[乌克兰]沃洛季米尔·丘尔切夫　主编

中国农业出版社
北　京

当代世界农业丛书编委会

主　任：余欣荣

副主任：魏百刚　唐　珂　隋鹏飞　杜志雄　陈邦勋

编　委（按姓氏笔画排序）：

丁士军　刀青云　马学忠　马洪涛　王　晶

王凤忠　王文生　王勇辉　毛世平　尹昌斌

孔祥智　史俊宏　宁启文　朱满德　刘英杰

刘毅群　孙一恒　孙守钧　严东权　芦千文

苏　洋　李　岩　李　婷　李先德　李春顶

李柏军　杨东霞　杨敏丽　吴昌学　何秀荣

张　悦　张广胜　张永霞　张亚辉　张陆彪

苑　荣　周向阳　周应恒　周清波　封　岩

郝卫平　胡乐鸣　胡冰川　柯小华　聂凤英

高　芳　郭翔宇　曹　斌　崔宁波　蒋和平

韩一军　童玉娥　谢建民　潘伟光　魏　凤

本书编写组

主　编：魏　凤　沃洛季米尔·丘尔切夫（乌克兰）

编写人员（按姓氏笔画排序）：

王亚萌　杜盼盼　巫　倩　李思宇　吴佳星

何江梦　沈　悦　张立峰　黄佩佩

序

| *Preface* |

2018年6月，习近平总书记在中央外事工作会议上提出"当前中国处于近代以来最好的发展时期，世界处于百年未有之大变局"的重大战略论断，对包括农业在内的各领域以创新的精神、开放的视野，认识新阶段、坚持新理念、谋划新格局具有重要指导意义。农业是衣食之源、民生之基。中国农业现代化取得举世瞩目的巨大成就，不仅为中国经济社会发展奠定了坚实基础，而且为当代世界农业发展提供了新经验、注入了新动力。与此同时，中国农业现代化的巨大进步，与中国不断学习借鉴世界农业现代化的先进技术和成功经验，与不断融入世界农业现代化的进程是分不开的。今天，在世界处于百年未有之大变局、世界经济全球化进程深入发展、中国农业现代化进入新阶段的重要历史时刻，更加深入、系统、全面地研究和了解世界农业变化及发展规律，同时从当代世界农业发展的角度，诠释中国农业现代化的成就及其经验，是当前我国农业工作重要而紧迫的任务。为贯彻国务院领导同志的要求，2019年7月农业农村部决定组织编著出版"当代世界农业丛书"，专门成立了由部领导牵头的丛书编辑委员会，从全国遴选了相关部门（单位）负责人、对世界农业研究有造诣的权威专家学者和中国驻外使馆工作人员，参与丛书的编著工作。丛书共设25卷，包含1本总论卷（《当代世界农业》）和24本国别卷，国别卷涵盖了除中国外的所有G20成员，还有五大洲的其他一些农业重要国家和地区，尤其是发展中国家和地区。

　　在编写过程中，大家感到，丛书的编写，是一次对国内关于世界农业研究力量的总动员，业界很受鼓舞。编委会以及所有参与者表示一定要尽心尽责，把它编纂成高质量权威读物，使之对于促进中国与世界农业国际交流与合作，推动世界农业科研教学等有重要参考价值。但同时，大家也切实感到，至今我国对世界农业的研究基础薄弱，对发达国家（地区）与发展中国家（地区）的农业研究很不平衡，有关研究国外农业的理论成果少，基础资料少，获取国外资料存在诸多不便。编委会、各卷作者、编审人员本着认真负责、深入研究、质量第一的原则，克服新冠肺炎疫情带来的诸多困难。编委会多次组织召开专家研讨会，拟订丛书编写大纲、制订详细写作指南。各卷作者、编审人员千方百计收集资料，不厌其烦研讨，字斟句酌修改，一丝不苟地推进丛书编著工作。在初稿完成后，丛书编委会还先后组织农业农村部有关领导和专家对书稿进行反复审核，对有些书稿的部分章节做了大幅修改；之后又特别请中国国际问题研究院院长徐步、中国农业大学世界农业问题研究专家樊胜根对丛书进行审改。中国农业出版社高度重视，从领导到职工认真负责、精益求精。历经两年三个月时间，在国务院领导和农业农村部领导的关心、指导下，在所有参与者的无私奉献、辛勤努力下，丛书终于付梓与读者见面。在此，一并表示衷心感谢和敬意！

　　即便如此，呈现在广大读者面前的成书，也肯定存在许多不足之处，恳请广大读者和行业专家提出宝贵意见，以便修订再版时完善。

唐欣荣

2021 年 10 月

前　言
Foreword

　　乌克兰位于欧洲东部，是欧洲领土面积第二大的国家，大部分地区属东欧平原，国土面积的三分之二为黑土地，占世界黑土地总量的30%，土地资源丰富，是世界第三大粮食出口国，素有"欧洲粮仓"之称。

　　乌克兰耕地条件优越，但因农业劳动力逐年下降、农业基础设施落后，开发能力有限，导致许多优质的耕地并没有得到有效的利用，农业发展潜力巨大。由于乌克兰与中国东北地区都有广阔的黑土地，使得双方在农业生产要素方面存在相似性，在农业技术领域具有较多的通用性。在合作基础方面，中乌建立了战略伙伴关系，双方在政治、经济上均有广泛密切的合作，并且乌克兰也是最早与中国签署"一带一路"合作规划的国家之一。在发展战略方面，主要文件包括中国的"十四五"规划和每年的中央1号文件，乌克兰的"至2022年的国家农业部门发展目标计划""至2026年的乌克兰发展农产品、食品和加工业出口战略""2030农业领域出口、投资、生产效率发展战略"，两国各自发展战略和计划中都把农业发展、农业国际合作列为国家大力支持的重要内容，这些都为双方进一步开展农业合作提供了现实可能性。因而了解和把握乌克兰农业能够为开展更高层次的农业合作做好前期的准备工作，对保障中国粮食安全具有重要的意义。

　　自建交以来，中国和乌克兰两国关系发展顺利，"一带一路"倡议为深化务实合作带来机遇，两国签署了一系列合作协议。在农业领域，2013年中乌签署了双边农业合作协议，2017年签署了《中乌农业投资合作规划纲要》，两国政府间合作委员会及农业分委会密切沟通，为双边农业合作奠定了牢固的基础。中乌农产品贸易快速增长，2019—2020年中国成为乌克兰的第二大粮食进口国，进口量达620万吨。2020年在新冠肺炎疫情全球蔓

1

延的情况下，世界多国政府为避免本国出现"粮荒"，对农产品出口采取了不同程度的限制措施，但乌克兰不但没有采取限制举措，还鼓励和刺激农产品出口。中国作为乌克兰农产品主要出口国之一，两国农业合作具有可持续性和广阔前景。

但目前国内对于乌克兰的研究不足，没有专门针对农业方面的论著，现有研究缺乏专业性、系统性和全面性。本书在全面系统地介绍了乌克兰国土资源、自然资源和农业经济资源的基础上，分析了包括种植业、畜牧业、渔业和林业的农业生产情况，农产品国际贸易中贸易规模、产品结构和市场结构问题，总结了其农业发展历程、发展现状、农业管理体系、农业政策、农业教育体系、农业科研体系、重大农业研究计划等内容，探究了其农业科技体制和农业科技创新情况，考察了乌克兰与中国的农业合作历程、农业合作领域等方面，最后提出了中国与乌克兰农业合作的对策建议。本书的出版为了解乌克兰农业和开展中乌农业合作提供了理论依据和数据支撑，有助于读者全方位了解乌克兰农业问题，对于开展与乌克兰的农业合作具有重要的理论和现实意义。

本书是在国家自然科学基金项目"西部与丝路经济带前段国家农业互补性合作研究：潜力测度与机制优化"（71673222）、教育部人文社科项目"新丝绸之路经济带框架下西北与中亚和俄罗斯农业合作模式研究"（15XJA790005）、陕西省国际科技合作计划项目"哈萨克斯坦粮食生产潜力研究"（2020KW-029）、西北农林科技大学西部发展研究院项目"中俄农业科技合作模式研究"（2016XBYD004）以及西北农林科技大学国际合作平台项目等课题的支持下完成的，编写历时1年。由于乌克兰农业方面的资料缺乏，撰写工作遇到了不少困难，乌克兰专家学者给予了支持和帮助，特别是乌克兰塔夫里亚国立农业技术大学市场营销教研室主任Darya Legeza教授、乌克兰国家农业科学院尤里耶夫植物栽培研究所Boguslavskyi Roman研究员、乌克兰哈尔科夫国立大学博士生付豪，三位学者提供了来自乌克兰的原始数据和原版资料，在整个撰写过程中及时解答遇到的疑问和核实数据的准确性，为本书的最终成稿付出了辛勤的劳动。此外，在本书编写过程中，农业农村部领导、相关司局和有关专家给予了大力支持和帮助。谨向关心支持本书出版的所有人士表示衷心感谢！

　　本书是上合现代农业发展研究院、丝绸之路农业教育科技创新联盟阶段性研究成果。

　　由于语言翻译、资料来源和研究水平的限制，书中疏漏和不足之处在所难免，敬请读者批评指正。

编　者

2021 年 10 月

目　录

Contents

序
前言

第一章　乌克兰农业资源 ·· 1

　第一节　国土资源 ··· 1

　　一、国土资源构成 ·· 1

　　二、地形和区域划分 ·· 3

　　三、农业布局概况 ·· 4

　第二节　自然资源 ··· 5

　　一、耕地资源 ·· 6

　　二、气候资源 ·· 8

　　三、水资源 ··· 10

　　四、森林资源 ··· 11

　　五、草原资源 ··· 12

　第三节　农业经济资源 ··· 13

　　一、农业劳动力 ··· 13

　　二、农业基础设施 ··· 16

　　三、农业生产资料 ··· 20

第二章　乌克兰农业生产情况 ································· 26

　第一节　种植业 ··· 26

　　一、粮食作物 ··· 27

　　二、经济作物 ··· 31

第二节 畜牧业 ……………………………………………………… 47

  一、家畜养殖业 …………………………………………………… 47

  二、家禽养殖业 …………………………………………………… 53

  三、特色养殖业 …………………………………………………… 55

第三节 渔业 ………………………………………………………… 57

  一、渔业生产概况 ………………………………………………… 57

  二、渔业生产结构 ………………………………………………… 58

第四节 林业 ………………………………………………………… 60

  一、林业资源概况 ………………………………………………… 60

  二、林业生产概况 ………………………………………………… 61

第三章 乌克兰农产品国际贸易 …………………………………… 63

第一节 贸易规模 …………………………………………………… 63

第二节 产品结构 …………………………………………………… 65

  一、进口产品结构 ………………………………………………… 65

  二、出口产品结构 ………………………………………………… 70

第三节 市场结构 …………………………………………………… 74

  一、进口市场结构 ………………………………………………… 74

  二、出口市场结构 ………………………………………………… 74

第四章 乌克兰农业发展及其管理 ………………………………… 77

第一节 农业发展历程 ……………………………………………… 77

第二节 农业发展现状 ……………………………………………… 78

  一、农业发展概况 ………………………………………………… 78

  二、农业发展特点 ………………………………………………… 80

第三节 农业管理体系 ……………………………………………… 81

  一、公共管理体系 ………………………………………………… 81

  二、农业职能部门 ………………………………………………… 82

第五章 乌克兰农业政策 …………………………………………… 87

第一节 农业政策概述 ……………………………………………… 87

一、执行原则 ……………………………………… 87

二、主要影响因素 ………………………………… 88

三、主要目标 ……………………………………… 89

四、主要优先事项 ………………………………… 89

第二节　农业税收政策 …………………………………… 90

一、关税政策 ……………………………………… 91

二、农业企业税收 ………………………………… 93

第三节　农业支持政策 …………………………………… 94

一、生产支持 ……………………………………… 94

二、信贷补贴 ……………………………………… 95

三、农产品价格管制制度 ………………………… 96

四、支持政策的发展 ……………………………… 97

第四节　农业土地政策 …………………………………… 98

一、主要内容 ……………………………………… 98

二、土地流转 ……………………………………… 101

三、农用地投资 …………………………………… 102

四、农业土地管理 ………………………………… 103

五、土地保险补贴 ………………………………… 104

第五节　农业资源保护政策 ……………………………… 104

一、环境政策 ……………………………………… 104

二、生态政策 ……………………………………… 106

第六节　农业保险政策 …………………………………… 107

一、农产品保险基本原则 ………………………… 107

二、保险公司参与农产品保险的条件 …………… 108

三、农业保险的实施 ……………………………… 109

第六章　乌克兰农业合作组织 ………………………………… 112

第一节　发展历史 ………………………………………… 112

一、国有农场和集体农庄为主导 ………………… 112

二、集体制农业企业确立主导地位 ……………… 113

三、公司制农场快速发展 ………………………… 114

四、农业企业与私人农场并进发展 ……………………………… 115

第二节　农业合作组织类型 ………………………………………… 116

一、农场 ……………………………………………………… 117

二、农业合作社 ……………………………………………… 118

三、农业企业 ………………………………………………… 120

第七章　乌克兰农业教育 ………………………………………… 124

第一节　教育体系 ………………………………………………… 124

一、学前教育 ………………………………………………… 124

二、普通中等教育 …………………………………………… 125

三、职业教育 ………………………………………………… 126

四、高等教育 ………………………………………………… 127

第二节　教育立法 ………………………………………………… 129

第三节　教育体系管理机制与经费来源 …………………………… 130

第四节　农业教育体系 …………………………………………… 132

第八章　乌克兰农业科研、科技创新与重大计划 ……………… 134

第一节　农业科学研究 …………………………………………… 134

一、科研体系 ………………………………………………… 134

二、农业科研体系 …………………………………………… 135

第二节　农业科技与创新 ………………………………………… 140

一、农业科技概况 …………………………………………… 140

二、科技创新 ………………………………………………… 144

第三节　重大农业研究计划 ……………………………………… 148

一、至 2022 年的国家农业部门发展目标计划 ……………… 148

二、至 2026 年的乌克兰发展农产品、食品和加工业出口战略 … 150

三、至 2030 年的灌溉与排水战略 …………………………… 150

四、至 2050 年的低碳排放发展战略 ………………………… 151

第九章　中国与乌克兰的农业合作 ……………………………… 153

第一节　农业合作历程 …………………………………………… 153

一、起步阶段 ……………………………………………………… 153

二、平稳增长阶段 ………………………………………………… 155

三、高速发展阶段 ………………………………………………… 156

第二节 农业合作领域 …………………………………………… 159

一、农产品贸易 …………………………………………………… 159

二、农业科技合作 ………………………………………………… 162

三、农业投资合作 ………………………………………………… 165

四、人文交流合作 ………………………………………………… 167

第三节 中国与乌克兰农业合作潜力深厚 ……………………… 169

一、积极构建农业政策对话平台 ………………………………… 169

二、夯实基础设施建设,挖掘农产品贸易潜力 ………………… 170

三、加强农业投资合作,完善金融保障体系 …………………… 172

四、创新农业合作模式,促进农业科技交流合作 ……………… 173

参考文献 …………………………………………………………… 176

第一章 CHAPTER 1
乌克兰农业资源 ▶▶▶

第一节　国土资源

乌克兰（Ukraine）位于欧洲东部（E22°13′至E40°22′；N44°38′至N52°37′），东接俄罗斯，西与波兰、斯洛伐克、匈牙利、罗马尼亚和摩尔多瓦诸国相连，南濒黑海和亚速海，隔海与土耳其相望，北邻白俄罗斯。国土面积约为6 037万公顷，其中三分之二为黑土地，占世界黑土地总量的30％，是世界上第三大粮食出口国，有着"欧洲粮仓"的美誉。其中，农业用地占68.7％，林业用地占17.7％。陆界长约6 400千米，海岸线长约1 270千米，国土的东西跨度1 300千米，南北长约900千米，是欧洲国土面积第二大国。

乌克兰国土资源（狭义）具有较大的优势，整体水平较高。主要表现在：矿产资源丰富，目前已探明有80多种可供开采的富矿；水资源充足，境内有大小河流2.3万条，湖泊2万多个；动、植物种类丰富等；此外，受大西洋暖湿气流以及地形影响，各地气候有一定的差异，但大部分地区为温带大陆性气候，四季分明。这些优势为种植业、畜牧业、渔业及特色产业的发展创造了良好的条件。本节将从国土资源构成、地形和区域划分、农业布局概况三方面展开介绍。

一、国土资源构成

国土资源是一个国家及其居民赖以生存的物质基础，是由自然资源和社会经济资源组成的物质实体。狭义的国土资源只包括土地、江河湖海、矿产、生物、气候等自然资源，广义的国土资源还包括人口资源和社会经济资源。本小

1

节采用狭义的国土资源定义，主要包括矿产、气候、水以及生物资源。

（一）矿产资源

乌克兰矿产资源丰富，已探明有 80 多种可供开采的富矿。金属矿主要包括铁、锰、镍、钛、铀、汞等，其中锰矿石开采量为世界的 31.9%，位居世界第 1，铁矿石和铀矿石储量分别位居世界第 4 和第 5；非金属矿主要包括煤、石墨、耐火土、石材等，其中煤炭资源位居世界第 7，主要分布在三大煤田：东部的顿巴斯煤田、西部的利沃夫-沃伦煤田和中部的第聂伯煤田。但天然气和石油资源相对匮乏，天然气消费的 50% 和石油消费的 90% 依赖进口。主要矿产资源情况见表 1-1。

表 1-1　乌克兰主要矿产资源情况

单位：亿吨

名　称	探明储量
锰	21.8
铁	197.12
煤	447.34
其中：硬煤	414.9
褐煤	25.94
其他	6.5

数据来源：根据中华人民共和国驻乌克兰大使馆经济商务处资料整理。

（二）气候资源

乌克兰受大西洋暖湿气流以及地形影响，各地气候有比较大的差异。东欧平原和喀尔巴阡山脉主要为温带大陆性气候，虽然部分气旋和反气旋会导致天气变化，但是大部分时间天气晴朗、阳光明媚，年平均日照 230 天；西北部地区属于温湿气候，东南部地区属于湿度适中的温带气候，越往东南气候越干燥，南部地区为地中海型亚热带气候，干燥炎热。国内各地气温也有一定差异，北部气候较为寒冷，南部气候比较温和。全国降水分布不均，年降水量东南部为 300 毫米，西北部为 600～700 毫米，多集中在 6、7 月份（详情见第一章第二节）。

（三）水资源

乌克兰水资源较为丰富，但时空分布不均。国内水资源量约为 531 亿立方米，人均淡水资源量约为 1 140 立方米。西部各州水资源丰富，平均每平方千米土地占有 160～500 立方千米水，每个居民年平均占有 2 000～7 000 立方米水；而在西北部，上述指标分别是 75～100 立方千米水、1 500～2 000 立方米水；在南部，则分别为 5 000～40 000 立方米水、70～400 立方米水。水资源结构包括地表水和地下水，其中地表水覆盖了 4％的领土。水资源主要来源是天气降水（详情见第一章第二节）。

（四）生物资源

乌克兰拥有丰富的植物资源和动物资源。在植物资源方面，森林资源较为丰富，森林覆盖率达 15.9％，主要树种有：松树、柞树、云杉、冷杉、椴树、槭树、白桦树等。乌克兰跨越三个植被带：森林沼泽带、森林草原带和草原带。自然保护区和天然国家公园有 23 个（占地面积为 77.19 万公顷），包括自然保护区 14 个、地球生物层保护区 3 个、天然国家公园 6 个。低级和高级植物高达 3 万种，包括藻类约 4 000 种、菌类和黏菌类 15 000 多种、苔藓类 1 000 多种、导管植物 4 523 种。在动物资源方面，包括黑海和亚速海的领海水域在内，大约有 44 800 种动物，其中：原生动物 1 200 多种、腔肠动物 40 种、栉水母门动物 1 种、扁虫类动物 1 299 种、纽虫动物门动物 33 种、原始腔肠动物 1 457 种、钩头虫动物 58 种、环节动物门动物 400 多种、节肢动物门动物 39 146 种、软体动物门动物 369 种、有触手亚门动物 33 种、棘皮动物门动物 14 种、脊索动物门动物 694 种。乌克兰野生动物分布见表 1-2。

表 1-2 乌克兰野生动物分布

州别	野生动物种类
日托米尔州	驼鹿、麃、海狸、野猪、麝鼠、大雷鸟
外喀尔巴阡州	鹿、熊、欧洲野牛、貂獾、狐、兔、鹫、雕、沙鸡
伊万诺-弗兰科夫斯克州	野猪、熊、鹿、兔、乌鸡、雷鸟、松鸡
赫尔松州	黑斑鹿、白鹿、野鸡、野鸭、白鹭

数据来源：根据《乌克兰苏维埃社会主义共和国百科手册》整理。

二、地形和区域划分

乌克兰大部分地区为平原和丘陵。平原占国土面积的 95％，平均海拔为

175 米。平原地带的最高点是霍京高地，海拔为 5 151 米，最低点是黑海和亚速海沿岸，海拔为 2 000 米。平原又可划分为平坦的低地和波状的高地。高地面积占国土面积的 25%，低地占国土面积的 70%。西北部的波列西低地、中部的第聂伯河低地以及南部的黑海和亚速海低地，海拔都在 200 米以下。在东西两侧分布着的波状高地，一般高度不足 300 米。东部顿涅茨地块的最高点也仅为 367 米，亚速海高地的最高点只有 325 米；西部沃沦诺波多尔高地也只有个别地方超过 400 米。这些平坦的低地和一些不高的波状高地，对农业生产非常有利，因为起伏不大的地面构造便于大规模的机械化，也有利于为农业服务的各种运输工具的活动。但是，西北部局部地区地势低洼，加之降水量又较多，在排水不良的地方会形成沼泽地区。至于较高的山脉，仅在西南角和南端边境上才能看到，山区面积只占国土面积的 5%，主要山脉有喀尔巴阡山，平均海拔 1 000 米，最高处海拔为 2 061 米。由于山脉所占的地面极小，因而对农业生产也没有很大障碍。

首都是基辅，被誉为"罗斯众城之母"，素有"花园城市"之称，该市面积约为 827 平方千米，截至 2018 年底约有 295.08 万人，位于第聂伯河中游及其最大支流普里皮亚季河与杰斯纳河汇合处附近，是全国人口第一大城市，是政治、经济、文化、科学中心，也是许多高科技产业、高等教育机构和历史建筑的所在地。哈尔科夫市位于哈尔科夫河、洛潘河和乌达河汇流处，该市面积为 350 平方千米，截至 2018 年底约有 162 万人，是全国人口第二大城市，是全国第一机械工业中心，还是东部地区的政治、经济和文化中心。

三、农业布局概况

农业布局又称农业配置，是指农业各部门（农、林、牧、渔业）和各部门内部各种生产门类及其种类和数量在地域空间上的分布和组合。乌克兰气候温和，地势平坦，土壤肥沃，自 1992 年以后形成了特色鲜明的农业区域。本部分将从种植业、畜牧业、渔业以及特色产业等方面进行分析（详情见第二章）。

种植业以主导作物划分，可分为粮食作物和经济作物。粮食作物中的谷类作物在各州均有分布，但主要分布在南部地区。南部草原地区的谷物播种面积占谷物总播种面积的 45%，森林草原地区也占到 40%，以上两区谷物播种面积达到谷物总播种面积的 85%，曾是著名的谷物经济区。其中，小麦的播种面积最大，玉米是除小麦以外最重要的谷类作物。马铃薯主要分布在西部的波列西地带和森林草原地带的北部。在经济作物中，甜菜是乌克兰闻名于世界的经济作物，85%的甜菜分布在森林草原地带，特别集中在文尼察州、赫梅利尼茨基州、基辅州西南部和切尔卡瑟州的西部；向日葵是主要的油料作物，主要分布在草原和森林草原地带，其中最大产区在第聂伯罗彼得罗夫斯克、卢甘斯克、扎波罗热和顿涅茨克地区；亚麻主要分布在南部地区和湿润的西部地区；黄瓜、番茄、白菜、洋葱、胡萝卜等蔬菜作物在全国各地分布很普遍，尤其是在大城市，茄子、辣椒主要分布在草原地区，西瓜、甜瓜在南部地区工业化种植。

畜牧业按饲养方式划分，可分为传统畜牧业和家禽养殖业。传统畜牧业中，养牛业在所有自然和气候区都是领先行业，乳用养牛业在森林地带和森林草原地带特别发达，南部草原地带乳用和肉用养牛业发展较好，但是1992年后牛的存栏量经历了一个近乎直线下降的过程。虽然养猪业分布地区几乎遍及全境，但猪的存栏量也一直在下降，下降速度低于牛的下降速度。由于土地垦殖指数很高，缺乏作为天然饲料的草场和牧场，养羊业相对于养牛业和养猪业不是特别发达，主要分布在辽阔的草原地带和西部喀尔巴阡山区。羊的存栏量同样有所下降，尤其是在西南各州和波列西地区。

渔业也是农业中的重要组成部分。渔业可以利用广大的水面，不占用土地，在饲料方面的费用也较小，因此总体看，渔业相较畜牧业成本更低，优势更大。乌克兰许多大河流（如第聂伯河、德涅斯特河和南布格河）以及许多池塘、天然贮水池等处的捕鱼业对国民经济都具有极重要的意义，它们大部分直接供给附近城市和农业居民点消费。总的说来，乌克兰发展渔业有着优越的条件。

特色产业主要有养蜂业。养蜂业在全国各地都有分布，养蜂业不仅能够提供蜂蜜，而且用蜜蜂授粉对提高甜菜、向日葵、亚麻、瓜果等作物的产量和质量有很大的作用。实验证明，用蜜蜂授粉的方法，可使向日葵的产量提高25%~30%，有的甚至可以提高50%。蜜蜂授粉也可以提高亚麻的质量和甜菜的含糖量，因而养蜂业还可以获得进一步的发展。

第二节　自然资源

自然资源包括土地资源、气候资源、水资源及森林、草原资源等，是组织农业生产的物质基础，影响着一个国家或地区农业生产发展的方式和程度。乌克兰自然资源丰富，土地广阔，气候条件较好，水资源储量也较为可观。土地资源方面，乌克兰国土面积的三分之二是黑土地，是种植小麦、大麦、玉米、甜菜、向日葵、大豆和油菜籽等作物最适宜的土壤。同时，乌克兰人部分地区是温带大陆气候，四季分明，光照时间长，热量高，温差大，光热条件好。水资源方面，乌克兰水资源丰富，但时空分布不均，北部和西北部水资源充足，南部缺水。此外，乌克兰森林资源较为丰富，且草场面积辽阔，草原资源情况良好。可见，乌克兰发展农牧业的自然禀赋较好，自然资源条件得天独厚。本节将从耕地资源、气候资源、水资源、森林资源以及草原资源五方面展开介绍。

一、耕地资源

乌克兰耕地资源丰富，黑土地面积占世界黑土地总面积的 30%。农业用地面积为 4 131 万公顷，占国土面积的 71.67%。农业用地中适合耕作的土地有 3 277.6 万公顷，占国土面积的 56.58%，永久耕作土地有 83.5 万公顷，永久草地和牧场有 757.7 万公顷。全国现有耕地 3 276 万公顷，平均每人占有 0.737 公顷，土壤肥沃，有灌溉条件的耕地 173 万公顷。农业用地分布概况见表 1-3。

表 1-3　乌克兰 2000—2019 年农业用地分布概况

单位：千公顷

类型	2000 年	2005 年	2010 年	2015 年	2016 年	2017 年	2018 年	2019 年
农业用地	41 827.0	41 722.2	41 576.0	41 507.9	41 504.9	41 489.3	41 329.0	41 310.9
耕地	32 563.6	32 451.9	32 476.5	32 541.3	32 543.4	32 544.3	32 698.5	32 760.0
干草地	2 388.6	2 429.2	5 481.9	2 406.4	2 402.9	2 399.4	2 294.4	2 283.9
牧场	5 521.3	5 521.3	2 410.9	5 434.1	5 430.9	5 421.5	5 282.6	5 250.3
摞荒地	421.6	419.3	310.2	233.7	230.6	229.3	190.5	166.7
多年生植物用地	931.9	900.5	896.5	892.4	897.1	894.8	863.0	852.7

数据来源：由《2019 乌克兰农业统计简编》翻译整理。

乌克兰耕地面积变动方面，变动趋势总体呈 U 形（图 1-1）。1993 年耕地面积为 3 333.4 万公顷，之后开始逐年下降且减幅明显，到 2003 年降至 3 248 万公顷；2003—2012 年，在 3 245 万公顷上下小幅波动；2013 年耕地面积恢复至 3 277.7 万公顷，之后趋于稳定，2018 年突增到 3 269.9 万公顷。1992 年人均耕地面积为 0.64 公顷，之后呈持续性上升。2018 年人均耕地面积达到 0.737 公顷，相比 1992 年增加了 15.16%。

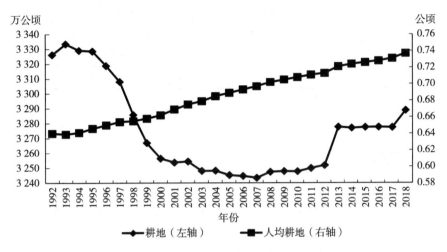

图 1-1 1992—2018 年乌克兰耕地面积变化

数据来源：世界银行数据库。

乌克兰的土壤类型多样，境内有黑钙土、栗钙土、红褐壤以及棕壤等多种土壤类型，且各土壤类型区域分异明显（表 1-4），河谷地带的冲击土和占国土面积三分之二以上的黑钙土为农业的发展提供了良好的条件。中部地区是较大面积的森林草原带和草原带，分布着黑钙土和栗钙土，土壤质量较高。本地区的黑钙土含有丰富的腐殖质，通过钙质作用可以形成在农业上很有价值的小团粒结构，腐殖质的分解还能供给植物所需要的各种养料。西北部的土壤肥沃性较差，主要是灰化土和沼泽土，但经过改良和排水，也能变成肥沃的土壤。东南部气候较为干旱，如果能改善土壤的水分条件，再加上正确的农业技术指导，该地区土壤也可以得到很好的利用。

表 1-4 乌克兰主要土壤类型及其分布

分布地区	土壤类型	主要作物
波列西地带	灰化土和沼泽土	——
森林草原地带和草原地带	黑钙土	——
其中：北部森林草原地带	厚层黑钙土	
北部草原地带	含中量腐殖质的普通黑钙土	甜菜、向日葵、亚麻、蔬菜、瓜果等
南部草原地带	含少量腐殖质的黑钙土	

(续)

分布地区	土壤类型	主要作物
黑海和亚速海沿岸地区	栗钙土	棉花、水稻、葡萄、果树和蔬菜瓜类等
喀尔巴阡山区	山地森林棕壤土和棕色森林土	果树、葡萄以及烟草
草原中部和北部	含少量腐殖质的黑钙土和栗钙土	早熟的冬小麦、烟草、果树、蔬菜以及饲料等
南部海岸地带	红褐壤和棕壤	葡萄、烟草作物、橄榄、黄连木以及扁桃等

数据来源：根据《乌克兰农业地理》整理。

二、气候资源

乌克兰是一个东欧国家，与北极和热带地区都距离遥远，大部地区为温带大陆性气候。1月平均气温为－4.83℃，7月平均气温为20.59℃，绝对最高和最低气温分别为40℃和－42℃，四季分明（图1-2）。由于与海洋的相对距离相当远，洋流对气候的影响较小，且境内领土具有平坦性，北部和东部没有自然屏障（大片水域或山峰），导致全国各地各种空气团的入侵和发展。例如，在冬季，西伯利亚反旋风将带来霜冻的低云天气。同时，山区系统导致在山脉山脚、中部、顶部分别具有三种不同类型的气候，这些都促使境内四季更加鲜明。此外，乌克兰的气候按干湿程度可以分为四个区：西北湿润区、暖温区、半干旱区和南部干旱区（表1-5）。

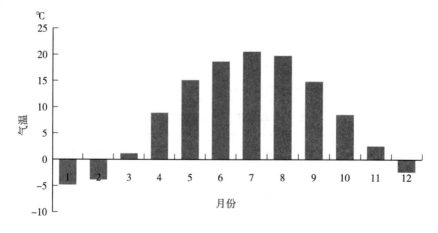

图1-2 1992—2018年乌克兰月平均气温情况

数据来源：世界银行数据库。

表1-5　乌克兰三个气候区

气候区	占国土面积	包含地区	年均降水量（毫米）	平均温度（℃）
西北湿润区	35%	西北地区	600	1月：-4 7月：17
暖温区	25%	东部和中部森林草原	500	1月：-6 7月：21
半干旱区	25%	北部草原和远东地区	450	1月：-6 7月：21
南部干旱区	15%	克里米亚半岛	360	1月：0 7月：23

数据来源：韩丽宇，2009. 乌克兰的水资源开发利用与管理——各国水概况系列之七［J］. 水利发展研究（5）。

气温方面，春季平均气温升至0℃以上，3月的气温保留了冬季（0～2℃）的特征，在5月，夏季气温特征已经占主导地位，平均气温比4月高5～8℃，临近夏季，气旋活动减弱，空气变暖，温度变得更加均匀，但是由于频繁出现冷流大气压场，故几乎每年春天都会发生霜冻。夏季是最温暖的季节，平均气温为20℃，西北和北部气温为18～20℃，南部为21～23℃，喀尔巴阡山脉为13～14℃。秋季起初平均气温为15℃，温度逐渐降低至10℃，大概持续20～25天，可以认为是夏季的延续；接着温度从10℃降低至0℃，大概持续25～30天。冬季平均气温稳定下降至0℃，最温暖的月份是12月，最寒冷的月份是1月，有时是2月。

降水方面，春季降水由连绵的小雨转变为暴雨，雷暴活动逐渐增多，3月的降水量与冬季的降水量几乎没有什么不同，而4月的降水量将增加到夏季的量。夏季降水量最多，多阴雨天和雾天，西部地区经常出现降雨过多的异常现象，而东部、东南部地区则缺乏降水。深秋降雨频繁，9月和10月主要为细雨，11月主要为降雨和降雪的混合降水形式。大部分地区冬季的降水量是最少的，但是持续时间很长，主要为雪和雨的形式，而山脉和南部海岸冬季降水量最多。

根据柯本气候分类法[①]对乌克兰主要城市气候情况进行概括，基辅（Dfb）年平均气温7.7℃，年降水量670毫米；哈尔科夫（Dfb）年平均气温7.4℃，

---

① 柯本气候分类法或称为有效气候分类法是由德国气候学家弗拉迪米尔·皮特·柯本于1900年创立的。其中Dfb表示冷温带气候带夏季温暖型，Cfb表示常湿温暖性气候带夏季温暖型。

年降水量 527 毫米；敖德萨（Cfb）年平均气温 10.2℃，年降水量 459 毫米；利沃夫（Dfb）年平均气温 7.5℃，年降水量 697 毫米；文尼察（Dfb）年平均气温 7.6℃，年降水量 623 毫米。

三、水资源

乌克兰水资源丰富，具有多样性，几乎包括所有类型的水资源，但时空分布不均。人均淡水资源储量为 1 140 立方米，水资源主要来源于大气降水，降水随地区和季节分布不同而存在差异，喀尔巴阡山脉地区降水量最多（每年高达 1 600 毫米），其余地区降水量为 700～750 毫米（西北部）、300～350 毫米（东南部）不等。降水量在干旱年份会显著减少，亚速海和黑海等沿海地区只有 100 毫米，草原地带为 150～200 毫米，森林草原带达 250～350 毫米。降水多集中在夏季，南方降水量大，夏季一个月的降水量可达到全年降水量的 30%～50%，不过，干旱年的这个月可能完全没有降水，秋季可能会持续 2～3 个月毫无降水。

地表水方面，全国共有大小河流 7.3 万条，超过 10 千米的有 4 000 条，超过 100 千米的有 131 条，其中第聂伯河是最长的河流，也是饮用水的主要来源，被奉为乌克兰的母亲河，全长 2 285 千米，河流流经乌克兰境内的部分长 1 005 千米。流经乌克兰境内的著名河流有：多瑙河、北顿涅茨河、杰斯纳河、普里皮亚季河、德涅斯特河以及南布格河。乌克兰的湖泊约有 20 000 个，面积超过 0.1 平方千米的有 7 000 多个，湖泊总面积占国土总面积 0.3%。淡水湖蓄水总量 2.3 立方千米，咸水湖蓄水总量 8.6 立方千米。最大的湖泊为德涅斯特洛夫斯基湖，面积为 360 平方千米。最深的湖为斯维佳斯科耶湖，水深约 58.4 米。拥有的池塘超过 2.4 万个，总面积 21 万公顷，总蓄水量为 3 立方千米。地下水资源储量约为 70 亿立方米/年，主要集中在西部和北部地区，与地表水一样分布不均，主要河流流域的可再生地表水资源量见表 1-6。

境内的水道主要用来调节地表水分布，以确保干旱地区有水可用。第聂伯—亚速海沿岸地区水道（水隧道）是欧洲最大的水道。其余境内较大的水道有第聂伯河—顿巴斯运河、第聂伯河—克利伊沃格运河、北克里木运河、舍维尔斯基—顿涅茨克—巴顿斯运河和卡霍夫斯基运河。

表 1-6 乌克兰主要河流流域可再生地表水资源量

流域	占河流流域面积的比例（%）	境内可再生地表水资源量（亿立方米/年）	入流量（亿立方米/年）	可再生地表水资源总量（亿立方米/年）	流入
第聂伯河	66	204	262	466	黑海
德涅斯特河	12	92	6.4	98.4	黑海
多瑙河	7	94	583	677	黑海
沿 海	7	31	1.1	32.1	黑海
北顿涅茨河	4	27	12	39	俄罗斯
南布格河	3	34	—	34	黑海
北布格＋San 河	2	19	—	19	波兰
总 计	100	501	864.5	1 365.5	—

数据来源：韩丽宇，2009. 乌克兰的水资源开发利用与管理——各国水概况系列之七［J］. 水利发展研究（5）。

四、森林资源

乌克兰森林资源较为丰富，但分布不均衡。人均森林资源占有量仅为世界平均水平的 1/7，但在喀尔巴阡山脉和波列西地区森林产量相当高，以较有价值的针叶林（松树、云杉）和硬木（橡木、榉木）为主。森林覆盖率较大的州有外喀尔巴阡州、伊万诺—弗兰科夫斯克州、罗夫诺州、日托米尔州、沃伦州、切尔尼戈夫州。树林主要是珍贵的针叶林和硬质阔叶林，树种有松树、杨树、云杉、山毛榉、赤杨、桦树、榛树、枰树、山杨等。总木材储量为 17.4 亿立方米，水源涵养林、防护林以及其他生态林占 51%，可采伐林木占 49%。

乌克兰森林面积占国土面积的 17.5%，林地总面积为 1 050 万公顷，其中，森林覆盖面积为 967.88 万公顷，森林覆盖率为 15.9%，跨越三个植被带：森林沼泽地带、森林草原地带和草原地带，分别分布在北部地区、中部地区和南部地区（表 1-7）。森林面积总体呈增长态势。1992 年森林面积只有932.12 万公顷，之后出现明显增长，年均增长面积为 2.36 万公顷，到 2000年增至 951 万公顷，之后缓慢增长，一直持续到 2010 年，达到 954.8 万公顷，比 1992 年增加了 22.68 万公顷。2010 年以后，森林资源再次实现快速增长，2018 年达到了 967.8 万公顷，相比 1992 年增长了 3.83%（图 1-3）。

表1-7 乌克兰三个植被带

植被带	包含地区
森林沼泽地带（又称波利西地带）	沃伦州、罗夫诺州、日托米尔州、切尔尼戈夫州、外喀尔巴阡州、苏梅州以及基辅州的一部分
森林草原地带	利沃夫州、伊万诺—弗兰科夫斯克州、波尔塔瓦州、基辅州、切尔卡瑟州、文尼察州、赫梅利尼茨基州、捷尔诺波尔州、苏梅州的部分、哈尔科夫州的部分、切尔诺夫策州的部分、基洛沃格勒州的部分
草原地带	卢甘斯克州、顿涅茨克州、赫尔松州、尼古拉耶夫州、敖德萨州、第聂伯罗彼得罗夫斯克州、扎波罗热州、哈尔科夫州的部分和基洛沃格勒州的部分

数据来源：根据《"一带一路"国别概论》整理。

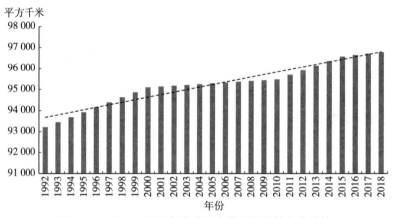

图1-3 1992—2018年乌克兰森林面积及其变化趋势

数据来源：世界银行数据库。

五、草原资源

乌克兰全年温和湿润，适宜牧草的生长，草原资源丰富。1992年永久性草地及牧场面积为747.3万公顷，由于牧场的开垦以及退耕还草，之后开始逐年上涨，至2004年后达到了796.8万公顷；2013年后开始削减，但减少趋势缓慢；到2016年，永久性草地及牧场面积为784.2万公顷，相比1992年增加了36.9万公顷，2018年下降至757.7万公顷（图1-4）。永久性草地及牧场中，自然生草地占有较大比重，整体呈上升趋势。2003年自然生草地面积为619.2万公顷，在永久性草地及牧场面积中占比为77.71%，2016年升至710.4万公顷，在永久性草地及牧场面积中占比为90.59%，2018年下降至681.7万公顷。人工种植草地面积较小，自1992年后农业企业拥有和使用的土地面积减少,这导致人工种植的面积逐年消退,2016 年仅有 73.8 万公顷,2018 年略微回升至 76 万公顷。

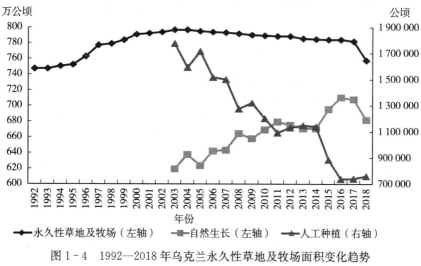

图 1-4 1992—2018 年乌克兰永久性草地及牧场面积变化趋势

数据来源:联合国粮食及农业组织数据库。

第三节 农业经济资源

农业经济资源是对农业生产发挥作用的社会经济因素和生产成果,如农业人口和劳动力、农业技术装备、农业基础设施等。近些年,乌克兰农村人口持续下降、农村劳动力波动下降,发展趋势不容乐观,未来将会对农业就业水平造成不利影响。同时,农业基础设施发展程度相对落后,低于欧洲地区平均水平,机械设施设备缺乏和应用效率低下阻碍了该地区农业的进一步发展。此外,农业生产资料投入不足,化肥生产大幅下降,农药投入呈锯齿形波动,农业生产率不高,生产效益不佳。总的来说,乌克兰农业经济资源状况不理想,在农业劳动力、生产资料等各方面的投入和应用均有限,农业经济资源尚处于不断发展和改进之中。本节将从农业劳动力、农业基础设施和农业生产资料三方面展开介绍。

一、农业劳动力

自 20 世纪 90 年代以来,乌克兰人口死亡率高、出生率低,每年减少人口超过 15 万人，这导致人口经历了一场重大危机。1992 年总人口数为 5 215.04 万人，人口自然增长率为 0.287 9‰，1994 年人口自然增长率变为负数，总人口下降趋势更为显著。然而，自 2001 年以来情况有所改变。2001 年人口自然增长率到达最低点，之后出现回升，总人口的减少放缓，2019 年总人数相比 1992 年减少了 776.52 万人，下降了 14.89%（表 1 - 8）。

表 1 - 8　乌克兰总人口及劳动力情况

年份	总人数（万人）	人口自然增长率（‰）	劳动力总数（万人）
1992	5 215.04	0.287 9	2 392.20
1993	5 217.92	0.055 2	2 407.23
1994	5 192.14	−0.495 3	2 443.72
1995	5 151.28	−0.790 1	2 461.51
1996	5 105.78	−0.887 2	2 429.84
1997	5 059.46	−0.911 3	2 388.74
1998	5 014.45	−0.893 6	2 346.00
1999	4 967.40	−0.942 7	2 298.63
2000	4 917.65	−1.006 6	2 322.43
2001	4 866.24	−1.050 9	2 273.27
2002	4 820.25	−0.949 6	2 257.77
2003	4 781.30	−0.811 4	2 244.53
2004	4 745.16	−0.758 6	2 229.28
2005	4 710.52	−0.732 8	2 216.75
2006	4 678.78	−0.676 1	2 204.31
2007	4 650.94	−0.596 9	2 192.44
2008	4 625.82	−0.541 5	2 181.38
2009	4 605.33	−0.443 8	2 174.43
2010	4 587.07	−0.397 3	2 167.69
2011	4 570.61	−0.359 6	2 164.21
2012	4 559.33	−0.247	2 142.56
2013	4 548.96	−0.227 7	2 158.32
2014	4 527.22	−0.479 3	2 095.11
2015	4 515.40	−0.261 3	2 095.21
2016	4 500.47	−0.331 3	2 076.46
2017	4 483.11	−0.386 3	2 062.19
2018	4 462.25	−0.466 4	2 041.75
2019	4 438.52	−0.533 4	2 020.77

数据来源：根据世界银行数据库、联合国粮食及农业组织数据库数据整理。

与此同时，劳动力总量也在波动下降。2019 年相比 1992 年减少了 371.43 万人，减少了 15.53%。劳动力需求在所有行业中均有减少，尤其是在农业、建筑、工业、卫生、金融保险等领域以及水上运输等行业中，这些行业占到国民经济生产劳动力用工量的 43% 以上。劳动力主要分部在顿涅茨—第聂伯河沿岸经济区、中西部经济区和南方经济区。顿涅茨—第聂伯河沿岸经济区是乌克兰最大的工业区，是煤炭、钢铁、机械和化学工业的主要基地，集中了采矿、冶金、化工和重工业等大型企业；中西部经济区以加工业、轻工业和食品工业为主；南方经济区则以造船、港务运输和休闲旅游业为主（表 1-9）。

表 1-9　乌克兰三大经济区

经济区	特点	包含地区
顿涅茨—第聂伯河沿岸经济区	最大的工业区，是煤炭、钢铁、机械和化学工业的主要基地	顿涅茨克州、第聂伯罗彼得罗夫斯克州、卢甘斯克州、扎波罗热州、基洛沃格勒州、波尔塔瓦州、苏梅州和哈尔科夫州
中西部经济区	以加工业、轻工业和食品工业为主	基辅市、文尼察州、沃伦州、日托米尔州、外喀尔巴阡州、伊万诺—弗兰科夫斯克州、基辅州、利沃夫州、捷尔诺波尔州、赫梅利尼茨基州、切尔卡瑟州、切尔尼戈夫州和切尔诺夫策州
南方经济区	以造船、港务运输和休闲旅游业为主	尼古拉耶夫州、敖德萨州和赫尔松州

数据来源：根据中华人民共和国驻乌克兰大使馆经济商务处资料整理。

农村人口及农业就业人员方面，1991 年农村人口数量为 172.66 万人，在总人口中占比 33.20%，一直保持平稳态势，到 1993 年农村人口数量达到 172.85 万人。自 1993 年开始，农村人口数量呈现逐年下降趋势，2019 年农村人口数量到达最低点，仅有 135.49 万人，占总人口的 30.53%。农业领域就业人员在全国劳动力总数中所占的比例并不高，1991 年这一比例只有 23.92%，2018 年缩减到了 14.49%，农业领域从事农业生产及相关活动的劳动力大量流失。2001 年农业就业人口为 41.65 万人，2001 年后呈下降趋势，2008 年受到全球经济危机影响，就业人口下降至 33.22 万人，2009 年失业率出现过一个显著的上升，之后的四年内保持小幅波动。2013 年后农业就业人口大幅下降，2017 年仅有 24.89 万人，近些年来持续下降，发展趋势不容乐观（图 1-5）。

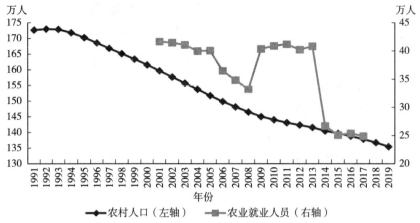

图 1-5 1991—2019 年乌克兰农村人口与农业就业人员变化情况

数据来源：①世界银行数据库；②联合国粮食及农业组织数据库。

二、农业基础设施

乌克兰基础设施相对落后。根据世界经济论坛《2015—2016 全球竞争力报告》，乌克兰整体基础设施质量在 140 个国家中排名第 82 位，处于中等偏下水平（表 1-10）。其中，铁路和通信方面基础设施质量排名靠前，其他领域基础设施质量，尤其是公路、港口则比较落后。

表 1-10 乌克兰基础设施质量排名情况

具体方面	排 名
公路	132
铁路	28
港口	108
空运	97
电力供应质量	75
移动电话签约数量（每百人）	32
固定电话线路数量（每百人）	44

数据来源：世界经济论坛《2015—2016 全球竞争力报告》。

（一）水库

在农业活动中，水资源起着重要作用。乌克兰已建成较大水库 1 160 座（库容 550 亿立方米），小水库 28 000 个；7 条总长 1 021 千米、总流量 1 000

立方米/秒的大型输水渠道；10 条向缺水地区供水的大型输水管道。乌克兰的
大型水库多位于第聂伯河，表 1-11 为乌克兰的七大水库水资源情况。

表 1-11 乌克兰七大水库水资源情况

水库名称	投入使用年份	水库镜面面积（正常值）（平方千米）	容量（立方千米）	
			总体	可利用
基辅斯科	1965—1966	9 220	373	12
卡涅夫斯科耶	1975—1976	6 420	262	03
克雷缅楚格	1960—1961	2 2520	1 352	90
第聂伯泽仁斯科耶	1963—1964	5 670	25	03
第聂伯河	1931—1934，1974	4 100	333	08
卡霍夫斯科耶	1955—1956	21 550	182	68
德尼斯特	1982—1987	1 420	3	2

数据来源：乌克兰国家水资源局。

（二）公路、铁路及水路

公路、铁路运输，航运和内河运输是农业市场基础设施的运输组成部分，
自 2014 年以来，乌克兰所有运输类型的运营线路长度都有所减少。总的来说，
铁路运营里程和内河航道运营里程逐年下降，电气化运营里程波动增加，公路
运营里程和硬面道路里程基本保持稳定，具体数据见表 1-12。

在货物运输量方面，铁路货物运输量逐年增加，2019 年铁路运输货物为
3.129 亿吨，比 2018 年减少了 2.9%，发货量为 2.626 亿吨，谷物和磨粉产品的
运输量减少了 21.0%，化学和矿物肥料的运输量减少了 31.5%；公路货物运输
量先减少后增加并趋于稳定，2019 年公路运输货物为 11.47 亿吨。水路运输量逐
年减少，2019 年水路运输（海运和河运）货物 611 万吨，具体数据见表 1-13。

表 1-12 乌克兰公共交通线路的运营长度

单位：千米

年份	铁路运营里程	电气化运营里程	内河航道运营里程	公路运营里程	硬面道路里程
1992	22 938.1	8 364.9	3 748.0	169 964.0	160 807.0
1993	22 754.5	8 344.2	3 647.0	170 518.0	161 784.0
1994	22 728.8	8 508.1	3 662.0	172 315.0	162 725.0
1995	22 756.4	8 521.2	3 662.0	172 257.0	163 255.0

（续）

年份	铁路运营里程	电气化运营里程	内河航道运营里程	公路运营里程	硬面道路里程
1996	22 757.2	8 594.8	3 181.5	172 565.0	163 904.0
1997	22 701.5	8 711.3	3 046.0	172 378.0	164 097.0
1998	22 600.1	8 905.8	2 993.0	168 545.7	162 645.9
1999	22 471.7	9 078.1	2 436.2	168 674.2	162 957.2
2000	22 300.7	9 144.0	2 413.5	169 490.9	163 827.0
2001	22 217.7	9 243.5	2 280.5	169 629.9	164 089.0
2002	22 078.0	9 285.2	2 282.0	169 678.5	164 245.4
2003	22 051.0	9 301.7	2 241.0	169 738.9	164 633.4
2004	21 990.2	9 370.4	2 253.2	169 447.1	164 772.2
2005	21 980.4	9 383.8	2 191.2	169 322.8	164 956.7
2006	21 870.4	9 556.8	2 151.7	169 104.2	165 155.0
2007	21 852.2	9 647.5	2 175.7	169 421.6	165 611.2
2008	21 654.7	9 727.9	2 165.8	169 501.6	165 799.9
2009	21 657.5	9 732.7	2 150.2	169 494.9	165 820.0
2010	21 684.2	9 853.7	2 184.7	169 496.2	165 843.6
2011	21 644.4	10 067.2	2 144.7	169 636.8	166 024.6
2012	21 619.4	10 242.2	2 125.7	169 693.9	166 095.1
2013	21 604.9	10 237.5	2 120.7	169 648.5	166 084.9
2014	20 948.1	9 975.5	1 613.1	163 027.6	159 463.2
2015	20 954.2	9 974.5	1 562.6	163 024.2	159 447.1
2016	20 951.8	9 926.4	1 569.4	163 033.0	159 462.1
2017	19 769.9	9 334.5	2 129.4	163 118.9	159 595.0

数据来源：①铁路运营里程和电气化运营里程数据根据乌兹别克斯坦公共股份公司数据整理；
②内河航道运营里程根据国有企业"乌尔科德什利亚克"和国家机构"国家水文局"相关资料整理；
③公路运营里程和硬面道路里程数据根据乌克兰国家公路局提供数据整理。

表 1-13　乌克兰各种运输方式运输货物量

单位：千吨

年份	铁路		海运	河运	公路	航空	管道
	发货	运输					
1995	360 225.3	—	20 797.8	12 844.6	1 816 401.0	19.0	245 527.4
1996	296 050.7	342 558.1	14 214.2	7 740.3	1 254 540.2	17.2	245 665.2
1997	293 523.5	341 417.0	10 407.4	8 567.0	1 249 866.6	13.5	236 698.7
1998	286 321.5	335 052.5	8 775.7	9 045.3	1 081 326.2	15.5	240 954.9

（续）

年份	铁路		海运	河运	公路	航空	管道
	发货	运输					
1999	284 244.3	334 635.9	6 478.1	8 105.2	955 329.1	11.3	235 062.0
2000	295 921.0	357 381.6	6 316.3	8 349.8	938 916.1	23.2	218 164.9
2001	313 089.0	370 199.1	8 231.6	6 969.8	977 268.8	26.9	216 441.1
2002	330 188.3	392 592.0	8 785.7	7 608.3	947 263.8	90.3	201 274.6
2003	363 364.7	445 534.7	8 851.4	9 974.9	973 283.0	148.4	216 699.9
2004	388 295.0	462 367.6	8 793.6	11 858.5	1 027 396.3	101.0	220 927.0
2005	378 911.7	450 277.3	8 575.2	12 868.6	1 120 715.3	126.3	212 556.8
2006	398 148.3	478 711.4	8 664.9	14 297.1	1 167 199.7	98.9	203 693.7
2007	415 910.7	514 192.9	9 123.9	15 120.6	1 255 225.3	104.0	195 990.7
2008	399 679.7	498 536.8	8 228.2	11 293.5	1 266 598.1	102.1	186 797.0
2009	322 221.8	391 523.4	4 652.0	5 145.5	1 068 857.9	85.1	154 594.6
2010	357 969.1	432 897.0	4 067.8	6 989.5	1 168 218.8	87.9	153 436.6
2011	388 715.6	469 308.1	4 145.6	5 720.9	1 252 390.3	92.1	154 971.2
2012	378 102.3	457 454.5	3 457.5	4 294.7	1 259 697.7	122.6	128 439.8
2013	377 318.3	443 601.5	3 428.1	2 840.5	1 260 767.5	99.2	125 941.1
2014	325 171.0	386 276.5	2 805.3	3 144.8	1 131 312.7	78.6	99 679.5
2015	294 301.2	349 994.8	3 291.6	3 155.5	1 020 604.0	69.1	97 231.5
2016	292 104.7	343 433.5	3 032.5	3 641.8	1 085 663.4	74.3	106 729.2
2017	277 288.9	339 550.5	2 253.1	3 640.2	1 121 673.6	82.8	114 810.4
2018	267 639.1	322 342.1	1 892.0	3 698.0	1 205 530.8	99.1	109 418.2
2019	262 633.5	312 938.9	2 120.3	3 990.2	1 147 049.6	92.6	112 656.4

数据来源：根据乌克兰 JSC 数据、国有企业"乌尔科德什利亚克"、国家机构"国家水文局"相关资料以及乌克兰国家航空局数据整理。

（三）农业货物运输

货物运输主要形式有铁路、公路、水路、航空以及管道。本节主要从公路、铁路及海运三个方面介绍关于 2015—2019 年乌克兰农产品运输量以及占比情况。公路运输方面，2019 年农产品实物运输量比 2015 年增长了 74.49%，可以明显看出谷物运输量增长了 77.8%，甜菜运输量增长了 103.39%，但两者占总运输量的百分比几乎没有变化（表 1-14）；铁路主要运输谷物和谷物生产中所用的化学肥料和矿物肥料，其中农产品在所有类型的货物中仅占 11%～16% 的份额（表 1-15）。此外，与 2015 年相比，2019 年通过海运的谷物和谷物产品等货物类别的运输量增加了 433.6%（表 1-16）。

表 1-14 2015—2019 年公路农产品运输

项目	吨数（千吨）					占总运输量的百分比（%）				
	2015 年	2016 年	2017 年	2018 年	2019 年	2015 年	2016 年	2017 年	2018 年	2019 年
所有货物	108 913.08	123 196.10	126 471.96	134 398.22	190 041.19	100.0	100.0	100.0	100.0	100.0
农业、狩猎业、林业以及渔业产品	14 718.56	15 739.81	17 628.50	16 697.01	24 366.22	13.5	12.8	14.0	12.4	12.8
谷物	10 750.69	11 966.57	13 147.91	12 680.79	19 115.28	9.9	9.7	10.4	9.4	10.1
甜菜	273.80	552.01	790.42	449.26	556.89	0.3	0.4	0.6	0.3	0.3

数据来源：乌克兰 2019 年运输和通信统计数据及《乌克兰国家年鉴 2019》。

表 1-15 2015—2019 年铁路农产品运输

项目	吨数（千吨）					占总运输量的百分比（%）				
	2015 年	2016 年	2017 年	2018 年	2019 年	2015 年	2016 年	2017 年	2018 年	2019 年
所有货物	350	343	343	322	313	100.0	100.0	100.0	100.0	100.0
化学和矿物肥料	10	11	11	9	9	—	3	4	3	3
林业产品	5	4	4	3	1	2	1	1	1	0
谷物和谷物产品	29	32	32	34	40	8	9	11	10	13
其他货物	88	88	88	91	82	—	26	28	28	26

数据来源：乌克兰 2019 年运输和通信统计数据及《乌克兰国家年鉴 2019》。

表 1-16 2015—2019 年海上农产品运输

项目	吨数（千吨）					占总运输量的百分比（%）				
	2015 年	2016 年	2017 年	2018 年	2019 年	2015 年	2016 年	2017 年	2018 年	2019 年
所有货物	3 292	3 033	2 253	1 892	2 120	100.0	100.0	100.0	100.0	100.0
化学和矿物肥料	32	17	10	12	9	1.0	0.6	0.4	0.6	0.5
林业产品	7	55	4	6	2	0.2	1.8	0.2	0.3	0.1
谷物和谷物产品	110	100	204	473	587	3.3	3.3	9.0	25.0	27.7

数据来源：乌克兰 2019 年运输和通信统计数据及《乌克兰国家年鉴 2019》。

三、农业生产资料

（一）肥料

乌克兰是传统的化肥生产大国，20 世纪 90 年代初其化肥年产能力在 500 万吨左右，1998 年经济滑坡，化肥生产跌入其生产的历史低谷，当年的产量为 193.6 万吨，仅有 1990 年的 40%。近年来，随着经济的全面好转，化肥的生产得到一定程度的恢复，但由于受生产设备严重老化以及缺乏资金的限制，年产量一直维持在 240 万吨左右。据国家统计委员会统计，2003 年共生产化肥 253.11 万吨，同比增长 7.8%。

如图 1-6 所示，1990—2018 年年化肥使用总量呈 U 形曲线，每平方米耕地的化肥施用量在逐步提高。化肥施用量在 1992 年后持续减少，1992—1996 年间，由于耕地面积的减少，化肥施用量减少了 216.7 万吨。1996 年后变化趋势平稳，2004 年后开始波动上升，到 2016 年化肥使用量为 202.36 万吨，每公顷耕地化肥施用量为 52.75 千克，2018 年每公顷耕地化肥施用量增长至 65.39 千克。

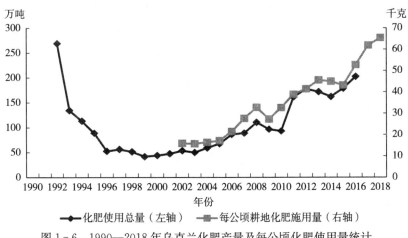

图 1-6　1990—2018 年乌克兰化肥产量及每公顷化肥使用量统计
数据来源：①世界银行数据库；②美国农业部世界农业生产率数据库。

20 世纪 90 年代中期政府提出了以出口为导向的工业发展战略，在这个大战略的背景下，化肥生产也以出口作为主要目标。化肥的出口在商品出口中一直占有非常重要的地位。据统计，2003 年共出口化肥 5.91 亿美元，同比增长 47%，占全年商品出口总值的 2.5%，在各类商品出口总值中列第七位。目前化肥的出口主要以氮肥为主，2003 年氮肥出口达 5.76 亿美元，占化肥出口总值的 97% 以上，产品主要销往巴西、土耳其、越南等国家。其次是复合化肥的出口，出口额为 1 380 万美元。2020 年 1—6 月，氮肥出口额达 1.429 亿美元，进口为 8 790 万美元，出口超出进口 63%。2020 年 6 月，氮肥出口达 5 610 万美元，进口下降至 420 万美元。这表明，生产的氮肥在国内外市场都具有竞争力，政府部门间联合委员会做出的关于"对进口化肥不实行配额管理"的决定是正确的。

随着近年来国际市场化肥价格的大幅上涨，化肥企业的效益也普遍得到一定程度的提高，这使得企业有能力更新设备、恢复和扩大化肥的生产规模。与此同时，随着大型化肥生产企业的快速发展，预计也将会有更多的资金投向该行业，新资金和技术的涌入也将会促进化肥行业良性发展。因此，随着整体经济的快速发展，化肥生产预计将迎来其发展的高峰期。

（二）农药

农药使用方面，农药市场结构具有独特性和发展性。如图 1-7 所示，农药年使用总量呈现"锯齿形"变化，1992 年农药投入总量为 66 772 吨，单位面积耕地所投入的农药数量为 1.97 千克，之后便开始持续下降，到 2003 年只有 12 558 吨，每公顷耕地的农药使用量仅为 0.38 千克。2003 年后其农药使用量开始波动上升，增至 2012 年的 90 815 吨之后又一次开始下降，到 2018 年只有 25 341 吨，相比 1992 年减少了 41 431 吨，下降了 62.05%，每公顷耕地的农药消费量为 0.75 千克，相比 1992 年减少了 1.22 千克，下降了 61.93%。在农药市场中，本国生产的农药只占 1%，其余 99% 都是进口农药。进口商主要来自俄罗斯、中国，比例达 50%；其中，俄罗斯占 7%，中国占 42%。乌克兰政府正在努力以本国生产替代进口，降低生产成本（《乌克兰农药市场概况及发展规划》，2013 年）。

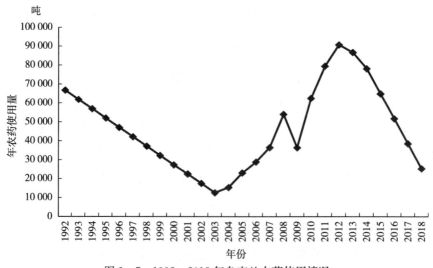

图 1-7　1992—2018 年乌克兰农药使用情况

数据来源：联合国粮食与农业组织数据库。

（三）农业机械

1970—1980 年乌克兰农业最为活跃，提供了较多技术设备，在 1985—1990 年间，技术设备的提供率保持较高水平，自 1990 年以来，技术设备提供率逐步下降，设备数量低于需要水平（表 1 - 17）。与 1990 年相比，2009 年的拖拉机数量减少了 29.6%，联合收割机减少了 46.2%。现有的联合收割机和拖拉机已经过时（大约 51% 的拖拉机和 60% 的联合收割机已经使用了 10 年以上）。大多数较老一代的机器和组件性能低下，可靠性不足，这导致农业生产成本大幅增加。由于缺乏高性能联合收割机，导致大量农作物损失。例如，在 2008—2010 年间，每年的谷物损失超过 1 000 万吨，仅在过去三年的农业生产者收割阶段，就损失了约 3 500 万吨的谷物。现阶段，农机实际数量与农业政策部专家确定的符合现阶段发展所需的农机数量水平相比，有较大的差距，其中收割机的实际拥有量只有实际需求的 54%，拖拉机的实际拥有量也只有实际需求的 62%。乌克兰农业机械情况如表 1 - 18 所示。

表 1 - 17　乌克兰农业技术设备动态变化

类型	1970 年	1980 年	1985 年	1990 年	1996 年	2000 年	2005 年	2009 年	设备需求量
拖拉机（千台）	294	422	453	453	426	383	331	319	420
联合收割机（千台）	77	87	100	106	91	67	60	57	75

数据来源：DobrozorovaE.，2011. 乌克兰经济中农业部门的机械和拖拉机机队的现状和现代化的主要方向［J］. 商业信息，7（2）。

表 1 - 18　乌克兰农业机械情况

类　　型	2013 年	2014 年	2015 年	2016 年	2017 年	2018 年	2019 年
发动机功率大于 59 千瓦的拖头（不包括行人控制拖头、半挂车道路拖头和铺轨拖头）（千台）	2.9	2.7	2.8	3.3	3.3	2.4	1.4
犁（千台）	6.2	4.4	3.7	3.6	2.9	3.0	2.5
松土机和耕土机（千台）	4.4	3.7	3.4	3.8	4.0	2.9	3.9
圆盘耙（千台）	2.0	2.0	2.3	2.8	3.3	2.2	2.1
耙（圆盘耙除外）（千台）	7.8	7.9	5.8	8.7	9.3	10.4	5.1
播种机、种植机和插秧机（千台）	5.6	4.4	4.2	4.8	5.3	3.8	3.2
用于整地的矿物或化学肥料的分配器（台）	93	127	165	923	1 044	1 203	827
农业机械、其他林业机械、草坪和运动场用压路机（千台）	1.8	2.4	3.1	3.6	3.4	3.4	2.7
拖拉机割草机（包括安装的等离子装置）、设计用于驱动或拖曳拖拉机（千台）	2.3	2.6	2.5	3.5	3.6	1.6	1.1

（续）

类　　　型	2013 年	2014 年	2015 年	2016 年	2017 年	2018 年	2019 年
马铃薯挖掘机和马铃薯收获机（台）	2 067	1 135	561	322	409	342	590
农用或园艺用可携式机械器具（有马达或无马达）、用于喷射、分散或喷射液体或粉末（除浇水器具）（千台）	815.0	984.5	639.6	827.5	709.2	592.0	724.9
设计用于安装在农用拖拉机上或由拖拉机牵引的喷雾器和撒粉器（除浇水器具）（台）	831	804	800	883	1 324	1 298	1 058
农用自动装卸拖车和半拖车（千台）	3.1	2.0	1.7	2.7	3.8	4.5	3.9
动物饲料制备器（千台）	101.8	98.7	63.2	75.6	49.3	30.2	17.7

数据来源：由《2019 乌克兰农业统计简编》翻译整理。

农业机械数量方面，20 世纪初全国农业机械保有量达到 56.58 万台，其中农用拖拉机 51.15 万台，每 100 平方千米耕地投入的拖拉机数量为 153 台，农业机械化条件相对较好。1992 年后，农业机械数量连年下降，且下降幅度较大，2000 年降至 35.39 万台，到达最低点，此时每 100 平方千米耕地投入的拖拉机数量只有 97 台。2000 年农用机械数量开始增加，2001 年全国农业机械保有量达到 44.87 万台，其中农用拖拉机 41.36 万台，每 100 平方千米耕地投入的拖拉机数量为 127 台。2002 年农用机械数量又开始下降，但下降幅度较小，2007 年下降至 37.36 万台。2007 年后农业机械保有量在 38 万台左右小幅波动，2016 年的农用机械数量为 38.04 万台，相比 1992 年减少了 18.54 万台（图 1-8）。

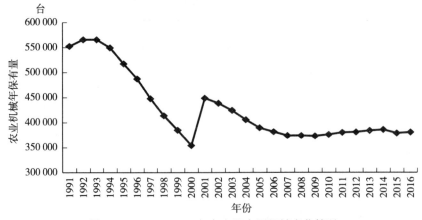

图 1-8　1991—2016 年乌克兰农用机械变化情况

数据来源：美国农业部世界农业生产率数据库。

农业机械生产企业普遍存在设备陈旧和缺乏资金等问题，使得企业的开工率严重不足,只有其生产能力的15%~30%。但2005年正式实施土地自由买卖政策,使得原有的土地所有权结构被打破,并且有更多的资金投入到农业领域,预计农业机械市场将呈现出良好的发展趋势。

在农机市场方面,2003年国内农机生产企业的年产值在3.1亿美元左右,其中0.7亿美元的产品用于出口,2.4亿美元的产品供应国内市场,国内产品的市场份额在70%左右,与此同时,农机的年进口在1.7亿美元左右,进口农机占农机市场的比重在40%左右。

在进口方面,进口农机大致可分为俄罗斯和白俄罗斯农机、欧盟各国农机以及从国外进口的二手农机等三个部分。但随着经济的发展,二手农机的进口比重呈逐渐下降的趋势。目前乌克兰农机进口最主要来自德国(占其进口农机市场份额的45%)、俄罗斯(30%)、美国(5%)、意大利(3%)、丹麦(2%)。在出口方面,农机的年出口规模在1.7亿美元左右。

本章从国土资源、自然资源和农业经济资源三方面对乌克兰农业资源进行了介绍。国土资源方面,整体水平较高,具有较大优势。境内有丰富的矿产资源,已探明有80多种可供开采的富矿。水资源储量可观,主要来源于大气降水,国内水资源量约为531亿立方米,人均淡水资源量约为1 140立方米。生物资源丰富,低级和高级植物约有30 000种,动物约有44 800种。自然资源方面,总体水平较高。土地资源广阔,拥有世界上30%的黑土地,农业用地面积为4 151.5万公顷,占总面积的71.67%。气候条件较好,大部分地区为温带大陆性气候。森林覆盖率15.9%,草地资源也十分丰富。这些为乌克兰农业的发展提供了物质基础。农业经济资源方面,则总体状况不太理想。农业劳动力投入量逐年下降,农业基础设施相对落后。

第二章 CHAPTER 2
乌克兰农业生产情况 ▶▶▶

　　乌克兰在历史上曾被称为"欧洲粮仓",其耕地资源丰富,农业用地是国土面积的七成左右,且土质肥沃,水利资源充足,灌溉便利,极其适宜开展农业生产。其农业生产以种植业为主,畜牧业、渔业与林业为辅。种植业中,主要农作物包括谷类粮食、油料作物、糖类作物和土豆等。多年来,农作物平均产量可达其国内需求量的二倍左右,除自给自足以外,还向欧洲、亚洲、北非地区出口。畜牧业中,主要包括家禽养殖业、家畜养殖业和特色产业,其中养猪业、养牛业以及养鸡业在畜牧业中所占比例较大,是国内食品工业和轻工业的重要原料来源。养蜂业是主要的特色产业,良好的地理气候条件、丰富的蜜粉源和农作物资源,为养蜂业发展奠定了良好的基础。渔业发展相对落后,产量逐渐萎缩,但其水利资源丰富,未来市场发展潜力仍然较大。此外,林业发展势头良好,但近些年由于森林保护,开始限制原木出口以恢复林业生产力。

第一节　种　植　业

　　乌克兰种植业具有巨大的发展潜力,培育了优良冬小麦和玉米等粮食作物品种,其中小麦是该国最主要的农作物。目前,乌克兰已是全球第一大葵花籽油出口国、葵粕出口国,第三大谷物出口国,第三大菜籽、核桃出口国,第四大大麦和玉米出口国,第六大大豆出口国,糖类制品在欧洲市场也占重要份额。如今其农业发展的主要瓶颈为:耕地利用率低,农产品精深加工能力不足,出口以原料为主,附加值低,仓储和物流基础设施落后,不能保障出口运力,农业企业获信贷难,资金投入不足等。

一、粮食作物

乌克兰主要粮食作物是谷类作物，谷类作物主要有小麦、玉米、大麦、燕麦、黑麦、小米和荞麦等。谷类作物面积占总耕地面积份额最大，为43.46%；其产量占农作物总产量比重也很大，为58.75%。从种植面积来看，1992—2019年先波动下降，1996年达到最低点，然后再波动上升，最后2014—2019年整体变化呈缓慢上升趋势。从产量来看，变化趋势从1992年开始波动下降，然后从1997年起波动上升，产量的整体变化呈先降后升的趋势。从单位种植面积产量来看，先从1992年波动下降至2000年的最低点，然后再缓慢爬升，到2019年达到最高水平，整体呈先下降后上升的趋势（图2-1）。

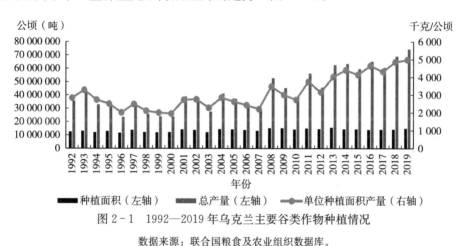

图2-1　1992—2019年乌克兰主要谷类作物种植情况

数据来源：联合国粮食及农业组织数据库。

从种植面积来看，谷类作物面积变动趋势可分为三个阶段：第一阶段为缓慢减少期（1992—1996年），此阶段面积跌至最低点，从1992年的1 254.64万公顷波动减少至1996年的1 166.48万公顷；第二阶段为波动增长期（1997—2013年），此阶段面积达到最高峰，从1997年的1 381.17万公顷不断增加至2013年的1 555.22万公顷；第三阶段为趋于平缓期（2014—2019年），这一阶段面积处于1 400万公顷至1 500万公顷之间趋于平稳，截至2019年，谷类作物种植面积达1 494.67万公顷，相比1992年增长了19.13%。

从产量来看，谷类作物产量变动趋势可分为两个阶段：第一阶段为波动减少期（1992—1996年），这一阶段谷类作物产量从1992年的3 555.80万吨减少至1996年的2 344.91万吨，下降了34.05%，产量跌至低谷；第二阶段为波动增长期（1997—2019 年），产量从 1997 年的 3 439.47 万吨上升至 2019 年的 7 444.22 万吨，增长了 116.43%。截至 2019 年，产量达到最大值，相比 1992 年提高了 109.35%。

从单位种植面积产量来看，谷类作物单产变动趋势可以分为两个阶段：第一阶段为波动下降期（1992—2000 年），单产从 1992 年的 2 834 千克/公顷减少至 2000 年的 1 951 千克/公顷，减少了 31.16%，此时单产达到最小值。第二阶段为波动上升期（2001—2019 年），谷类作物单产从 2001 年的 2 730 千克/公顷增长至 2019 年的 4 981 千克/公顷，增加了 82.45%。截至 2019 年，单产达到最大值，相比 1992 年增长了 75.76%（表 2-1）。

表 2-1 1992—2019 年乌克兰谷类作物种植面积、总产量和单产

年份	种植面积（公顷）	总产量（吨）	单产（千克/公顷）
1992	12 546 365	35 558 040	2 834
1993	12 991 634	42 732 798	3 289
1994	12 060 817	32 860 971	2 725
1995	12 880 700	32 360 000	2 512
1996	11 664 800	23 449 056	2 010
1997	13 811 700	34 394 720	2 490
1998	12 183 048	25 699 039	2 109
1999	11 963 131	23 960 469	2 003
2000	12 207 514	23 814 124	1 951
2001	14 246 649	38 886 120	2 730
2002	13 801 680	37 984 706	2 752
2003	12 067 200	27 493 984	2 278
2004	14 409 100	40 996 700	2 845
2005	14 204 100	37 258 000	2 623
2006	13 806 906	33 518 622	2 428
2007	13 117 187	28 945 258	2 207
2008	15 127 168	52 747 334	3 487
2009	15 118 548	45 413 410	3 004
2010	14 188 229	38 685 987	2 727
2011	14 988 910	56 263 263	3 754
2012	14 492 405	45 750 171	3 157
2013	15 552 166	62 687 582	4 031
2014	14 405 800	63 388 560	4 400
2015	14 399 520	59 627 180	4 141
2016	14 020 400	65 217 850	4 652
2017	14 061 107	60 685 735	4 316
2018	14 242 355	69 109 347	4 852
2019	14 946 709	74 442 160	4 981

数据来源：联合国粮食及农业组织数据库。

（一）小麦

小麦是乌克兰最主要的粮食作物。从种植面积来看，小麦面积占谷类作物总面积的45.66%，其中冬小麦的种植面积占小麦总面积的九成以上。1992—2019年，小麦的种植面积波动变化较大。其中2002—2005年小麦种植面积波动最为明显，呈V形，先从2002年的674.96万公顷直线下滑至2003年的389万公顷，同比下降了42.37%，创历史最低水平，然后再从最低点直线回升至2005年的657.10万公顷，增长了68.92%。截至2019年，小麦种植面积为682.50万公顷，相比1992年增长了8.21%。

从产量来看，小麦产量是谷类作物总产量的38.11%，其中冬小麦的产量占小麦总产量的九成以上。1992—2019年，小麦产量不稳定，波动幅度大。其中2000—2006年和2007—2012年小麦产量变动趋势均呈M形。2000—2006年产量从1 019.70万吨快速增产至2 134.80万吨，再直线下滑至1 143.09万吨，又急剧上升至1 869.92万吨，最后回落至1 394.73万吨，其中2000年小麦产量1 019.70万吨达历史最低水平。2007—2012年产量从1 393.77万吨直线增加至2 588.54万吨，再急剧减少至1 685.13万吨，又增产回升至2 232.36万吨，最后降至1 576.26万吨。截至2019年，小麦产量为2 837.02万吨，相比1992年增加了45.43%（图2-2）。

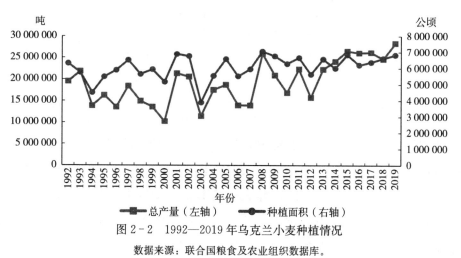

图2-2　1992—2019年乌克兰小麦种植情况

数据来源：联合国粮食及农业组织数据库。

（二）玉米

玉米是乌克兰除小麦之外最重要的谷类作物。从种植面积来看，占谷类作物总面积的 33.36%。1992—2019 年玉米种植面积总体呈不断增长趋势。其中在 2009—2013 年玉米种植面积上升趋势尤为明显，从 208.91 万公顷增加至 482.69 万公顷，年均增长率为 23.29%。截至 2019 年，玉米种植面积达 498.69 万公顷，相比 1992 年的 113.70 万公顷增长了 338.6%。

从产量来看，玉米的产量是谷类作物总产量的 48.20%。1992—2019 年，玉米产量和种植面积变动趋势基本一致，均呈不断增长态势。其中在 2010—2011 年和 2017—2018 年玉米产量增长幅度较为明显，从 2010 年的 1 195.30 万吨增长至 2011 年的 2 283.79 万吨，从 2017 年的 2 466.88 万吨上升至 2018 年的 3 580.10 万吨，增长率分别为 33.85% 和 45.13%。截至 2019 年，玉米产量为 3 588.00 万吨，相比 1992 年增加了 3 302.92 万吨（图 2-3）。

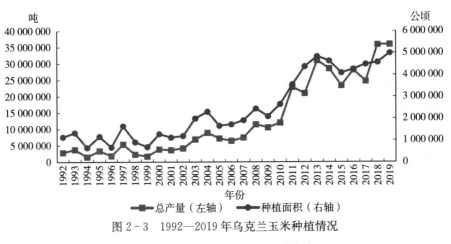

图 2-3　1992—2019 年乌克兰玉米种植情况

数据来源：联合国粮食及农业组织数据库。

（三）大麦

乌克兰的大麦占比相对小麦和玉米较少，从种植面积来看，大麦种植面积占谷类作物面积的 17.46%。1992—2019 年，大麦的种植面积变化波动较大，但整体呈下降趋势。1992—1996 年大麦的面积变动较为明显，呈倒 V 形，面积从 1992 年的 342.52 万公顷上升至 509.20 万公顷，再回落至 342.53 万公顷。截至 2019 年，大麦的种植面积为 260.92 万公顷，相比 1992 年下降了 23.82%。

从产量来看，大麦的产量仅为谷类作物总产量的 11.98%。1992—2019 年大麦产量变化波动较大，且变化波动相比种植面积的变化大，整体呈减少趋势。其中产量在 1994 年达到历史最高水平，为 1 450.87 万吨，产量在 2007 年是近 27 年的最低谷，为 598.08 万吨。截至 2019 年，大麦的产量为 891.68 万吨，相比 1992 年减少了 11.77%（图 2-4）。

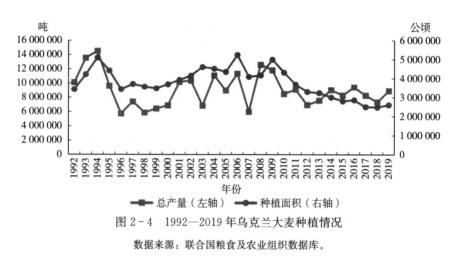

图 2-4　1992—2019 年乌克兰大麦种植情况

数据来源：联合国粮食及农业组织数据库。

二、经济作物

（一）蔬菜瓜果作物

乌克兰蔬菜瓜果作物主要有番茄、白菜、南瓜、洋葱、黄瓜和芥菜等。主要蔬菜瓜果作物面积在总耕地面积中占比较低，仅为 1.36%；其产量占农作物总产量也相对较少，为 8.09%。从种植面积来看，1992—2000 年蔬菜瓜果作物种植规模整体呈扩大趋势，并在 2000 年首次突破 50 万公顷大关，2001 年又回落至 50 万公顷以内，2002—2011 年保持相对稳定状态，之后稳步爬升再回落趋于平稳。从产量来看，1992—2019 年蔬菜瓜果作物产量趋势呈先减后稳步爬升的趋势，最后几年趋于稳定状态。从单位种植面积产量来看，1992—2019 年蔬菜瓜果作物单产变动趋势和产量大体一致，整体呈先减后增最后趋于平稳的趋势。单产从 1992 年开始波动减少，然后 1996 年开始波动稳步上升，直到 2011—2019 年趋于稳定状态（图 2-5）。

从种植面积来看，主要蔬菜瓜果作物面积变动趋势可分为三个阶段：第一阶段为平缓上升期（1992—2000 年），面积从 44.69 万公顷缓慢上升至 51.86 万公顷，且首次突破 50 万公顷大关；第二阶段为相对稳定时期（2001—2011 年），面积基本在 40 万至 50 万公顷之间波动；第三阶段为回落阶段（2012—

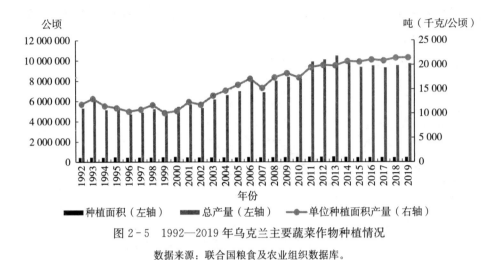

图 2-5 1992—2019 年乌克兰主要蔬菜作物种植情况

数据来源：联合国粮食及农业组织数据库。

2018年），蔬菜瓜果作物面积逐渐回落并趋于稳定，截至 2019 年，蔬菜瓜果作物面积为 45.27 万公顷，相比 1992 年增加了 1.30%。

从产量来看，1992—2019 年蔬菜瓜果作物产量先从 1992 年的 531.05 万吨波动减产至最低值 470.85 万吨，相比 1992 年减少了 11.34%。1997—2013年，产量不断波动上升，从 1997 年的 488.86 万吨增长至 2013 年的 1 047.43万吨，增长了 114.26%。2014—2019 年，产量最后趋于相对稳定状态。截至2019 年，产量为 970.73 万吨，相比 1992 年增长了 82.79%。

从单位种植面积产量来看，1992—2019 年蔬菜瓜果作物单产从 1992 年的11 884 千克/公顷波动下降至最低点 10 109 千克/公顷，减少了 14.94%。单产再从 2000 年的 10 508 千克/公顷不断波动上升至 2014 年的 20 724 千克/公顷。蔬菜瓜果作物单产最后几年趋于稳定，截至 2019 年，单产为 21 441 千克/公顷，相比 1992 年增长了 80.42%（表 2-2）。

表 2-2 1992—2019 年乌克兰主要蔬菜作物种植面积、总产量和单产

年份	种植面积（公顷）	总产量（吨）	单产（千克/公顷）
1992	446 874	5 310 459	11 884
1993	464 294	6 055 457	13 042
1994	446 096	5 142 512	11 528
1995	489 128	5 436 800	11 115
1996	452 520	4 708 500	10 405
1997	451 980	4 888 600	10 816
1998	445 946	5 228 000	11 723

（续）

年份	种植面积（公顷）	总产量（吨）	单产（千克/公顷）
1999	479 581	4 847 900	10 109
2000	518 607	5 449 300	10 508
2001	460 480	5 683 310	12 342
2002	452 170	5 323 630	11 774
2003	451 370	6 155 700	13 638
2004	448 899	6 594 600	14 691
2005	439 890	6 984 600	15 878
2006	473 450	8 111 800	17 133
2007	451 900	6 881 700	15 228
2008	461 115	8 017 700	17 388
2009	459 715	8 393 900	18 259
2010	471 528	8 186 020	17 361
2011	507 940	9 901 580	19 494
2012	506 890	10 098 060	19 922
2013	528 110	10 474 300	19 834
2014	471 835	9 778 213	20 724
2015	453 890	9 354 914	20 611
2016	452 199	9 508 755	21 028
2017	446 641	9 304 817	20 833
2018	444 708	9 517 223	21 401
2019	452 736	9 707 260	21 441

数据来源：联合国粮食及农业组织数据库。

1. 番茄

从种植面积来看，番茄的面积占主要蔬菜作物总面积的 16.10%，整体呈减少趋势。番茄种植面积的变动趋势可分为两个阶段：第一阶段为波动变化呈 W 形（1992—2000 年），这一阶段番茄种植面积经历了"降—升—降—升"的四个波动变化时期，从 1992 年的 11.60 万公顷减少至 1994 年的 9.50 万公顷，再上升至 1995 年的 11.77 万公顷，再次下滑至 1997 年的 9.38 万公顷，最后回升至 2000 年的 11.65 万公顷；第二阶段为平缓下降期（2001—2019 年），该阶段面积从 2001 年的 10.43 万公顷连续减少至 2019 年的 7.29 万公顷，下降了 30.11%。

从产量来看，番茄的产量是主要蔬菜作物总产量的 22.92%，变动趋势为先降后升。1995—1998 年，番茄产量的变动幅度尤为明显，先降后升，呈 V 形，从 127.07 万吨直线下跌至历史最低水平，再从 39.57 万吨回升至 118.80

万吨。1999—2019 年，产量呈波动上升趋势，截至 2019 年，番茄产量达
222.44 万吨，相比 1992 年的 130.33 万吨增长了 41.41%（图 2-6）。

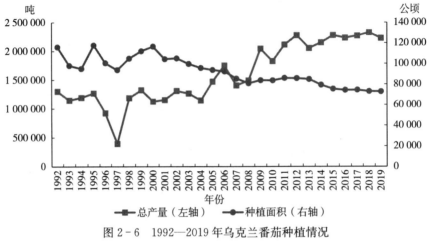

图 2-6 1992—2019 年乌克兰番茄种植情况

数据来源：联合国粮食及农业组织数据库。

2. 白菜

从种植面积来看，白菜的面积占主要蔬菜作物总面积的 14.56%，整体呈
缓慢减少趋势。1992—1994 年和 1998—2000 年是白菜种植面积起伏变化最为
明显的两个阶段，其中 1992—1994 年，面积从 9.22 万公顷直线下降至 6.90
万公顷，减少了 25.16%，呈直线下滑趋势。1998—2000 年白菜种植面积从
6.70 万公顷上升至 8.66 万公顷，增长了 29.25%，呈直线上升趋势。截至
2019 年，白菜的种植面积为 6.59 万公顷，相比 1992 年减少了 28.52%。

从产量来看，白菜的产量是主要蔬菜作物总产量的 17.85%，整体呈上升趋
势。1992—2019 年，白菜产量在 1994 年达到 27 年里最低值，为 89.30 万吨，同
时在 2013 年，产量达到历史最高水平，为 208.25 万吨。截至 2019 年，白菜产
量达 173.29 万吨，相比 1992 年的 122.06 万吨上涨了 41.97%（图 2-7）。

3. 南瓜

从种植面积来看，南瓜的面积占主要蔬菜作物种植面积的 13.87%，变动
趋势呈先直线上升后处于平稳状态，再急剧回落后处于稳定状态，最后不断快
速增长。其中 1992—1993 年和 2012—2013 年是南瓜面积年均增长最为明显的
两个阶段，增长率分别为 106.61% 和 123.77%。2004—2005 年是南瓜面积下
降最为突出的阶段，从 2004 年的 5.28 万公顷减少至 2005 年的 2.56 万公顷，
下降了 51.52%。截至 2019 年，南瓜的种植面积为 6.28 万公顷，相比 1992 年

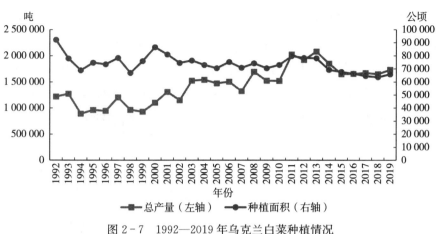

图 2 - 7　1992—2019 年乌克兰白菜种植情况

数据来源：联合国粮食及农业组织数据库。

的 2.22 万公顷，增长了 182.88%。

从产量来看，南瓜的产量占主要蔬菜瓜果作物总产量的 13.87%，其变动趋势和种植面积变动大体一致，均呈"升—平—降—平—升"趋势。其中 1992—1993 年和 2012—2013 年是南瓜产量年均增长最为明显的两个阶段，增长率分别为 171.57% 和 92.76%。2004—2005 年是南瓜减产尤为突出的阶段，从 2004 年的 102.32 万吨下降至 2005 年的 58.54 万吨，减少了 42.79%。截至 2019 年，南瓜产量达 134.62 万吨，相比 1992 年的 36.93 万吨，增长了 264.48%（图 2 - 8）。

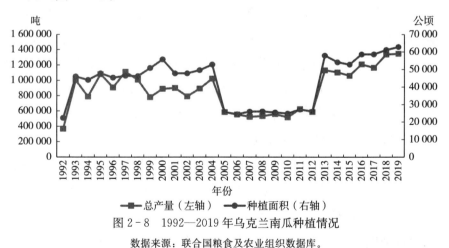

图 2 - 8　1992—2019 年乌克兰南瓜种植情况

数据来源：联合国粮食及农业组织数据库。

（二）油料作物

乌克兰油料作物主要有葵花籽、黄豆、油菜籽和亚麻籽。油料作物种植面积占总耕地面积相对较多，为 27.73%；其产量占农作物总产量的 18.28%。从种植面积来看，1992—2019 年油料作物面积明显整体呈稳步上升趋势。从产量来看，油料作物产量的变化趋势和种植面积大体一致，1992—2019 年产量呈波动上升趋势。从单位种植面积产量来看，1992—2019 年油料作物单产首先在 1992—2007 年小幅波动变化，从 2008 年开始，单产不断波动上升（图 2-9）。

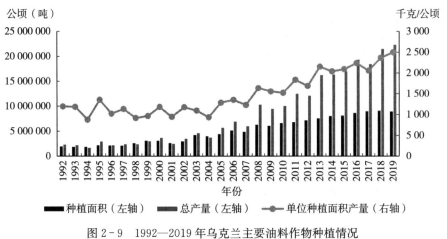

图 2-9　1992—2019 年乌克兰主要油料作物种植情况

数据来源：联合国粮食及农业组织数据库。

从种植面积来看，油料作物种植面积变动趋势可分为三个阶段：第一阶段为趋于平稳时期（1992—1997 年），种植面积围绕在 200 万公顷上下波动，但变化幅度不大；第二阶段为振荡期（1998—2009 年），此阶段种植面积变动幅度较大，且不断波动上升，到 2009 年面积上升至 607.01 万公顷，相比 1998 年增长了 133.10%；第三阶段为急剧上升阶段（2010—2018 年），面积逐年增加，且以较快的增速上升，到 2019 年增至 893.32 万公顷，是 1992 年的 4.6 倍。

从产量来看，油料作物产量的变化趋势和种植面积大体一致。1992—2000 年，产量以较缓慢的速度上升，从 1992 年的 232.68 万吨增产至 2000 年的 367.52 万吨，增长了 57.95%。2001—2019 年，油料作物产量以较快的速度增长，从 2001 年的 248.06 万吨快速增产至 2019 年的 2 230.40 万吨，相比 1992 年增长了 8.59 倍。

从单位种植面积产量来看，1992—2007 年油料作物单产在 800～1 400 千克/公顷波动变化，其中 1994 年创历史最低水平，为 876 千克/公顷。2008—2019 年，油料作物单产呈波动上升趋势，从 2008 年的 1 636 千克/公顷不断增长至 2019 年的 2 497 千克/公顷，2019 年的单产相比 1992 年的 1 193 千克/公顷上升了109.30%（表2-3）。

表2-3 1992—2019年乌克兰主要油料作物种植面积、总产量和单产

年份	种植面积（公顷）	总产量（吨）	单产（千克/公顷）
1992	1 950 356	2 326 851	1 193
1993	1 871 340	2 215 737	1 184
1994	1 882 730	1 648 434	876
1995	2 184 340	2 955 509	1 353
1996	2 136 246	2 178 880	1 020
1997	2 110 220	2 389 102	1 132
1998	2 604 070	2 389 616	918
1999	3 107 972	3 004 308	967
2000	3 107 700	3 675 200	1 183
2001	2 624 660	2 480 640	945
2002	2 973 820	3 497 770	1 176
2003	4 228 512	4 624 881	1 094
2004	4 000 404	3 738 883	935
2005	4 423 742	5 688 106	1 286
2006	5 123 362	6 916 494	1 350
2007	4 865 813	5 980 747	1 229
2008	6 290 077	10 287 456	1 636
2009	6 070 081	9 453 477	1 557
2010	6 602 419	10 043 380	1 521
2011	6 788 272	12 473 945	1 838
2012	7 158 684	12 088 276	1 689
2013	7 548 628	16 252 794	2 153
2014	8 019 618	16 353 959	2 039
2015	8 113 434	16 983 450	2 093
2016	8 631 584	19 319 540	2 238
2017	8 968 283	18 460 959	2 059
2018	9 087 040	21 501 319	2 366
2019	8 933 203	22 303 984	2 497

数据来源：联合国粮食及农业组织数据库。

（三）水果作物

乌克兰的水果作物主要有苹果、葡萄、樱桃、梨、桃子、黑加仑和草莓等。主要水果耕作面积占总耕地面积份额极小，仅为0.89%；其产量占农作

物总产量的 2.90%。从种植面积来看，1992—2005 年主要水果作物面积先急速下降，然后再缓慢减少，最后 2015—2019 年逐渐趋于稳定。从产量来看，1992—2019 年主要水果作物产量整体变动幅度较大，其中在 1992—2006 年产量波动最为剧烈，然后 2006—2013 年产量呈不断上升趋势，最后 2014—2019 年在小范围内波动变化。从单位种植面积产量来看，1992—2019 年主要水果作物单产首先在 1992—2001 年小幅度波动变化，然后 2002—2013 年单产整体呈波动增长趋势，其中 2006—2013 年呈直线上升趋势，最后 2017—2019 年呈倒 V 形变化（图 2 - 10）。

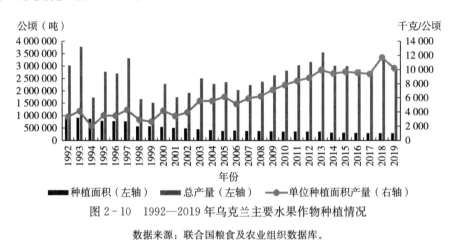

图 2 - 10　1992—2019 年乌克兰主要水果作物种植情况

数据来源：联合国粮食及农业组织数据库。

从种植面积来看，主要水果作物变化整体呈不断下降趋势，可分为三个阶段：第一阶段为急速下降期（1992—2005 年），水果作物种植面积大幅缩减，从 1992 年的 91.20 万公顷急剧减少至 2005 年的 38.26 万公顷，降幅达58.05%；第二阶段为缓慢减少期（2006—2014 年），种植面积以较为缓慢的速度减少，从 2006 年的 39.57 万公顷降低至 2014 年的 31.92 万公顷，相比2006 年仅减少了 7.65 万公顷；第三阶段为趋于平稳期（2015—2018 年），主要水果作物面积逐渐趋于 30 万公顷水平线，截至 2019 年种植面积为 28.63 万公顷，相比 1992 年减少了 68.61%。

从产量来看，1993—1994 年和 1997—1998 年是主要水果作物产量直线下滑比较突出的时间段，分别从 1993 年的 377.86 万吨锐减至 1994 年的172.96 万吨，同比减少 54.23%，从 1997 年的 332.23 万吨骤减至 1998 年的166.35 万吨，同比减少 49.93%。2006—2013 年，产量处于平稳上升阶段，从 203.99 万吨逐渐增产至 355.38 万吨，年均增幅达 10.60%。截至 2019 年，主要水果作物的产量为291.91万吨，相比1992年减少了3.51%。水果种植面积的不断减少和单产的不断增加，且两者每年的升降幅度差距较大，导致近26年间水果产量的变化起伏较大。

从单位种植面积来看，主要水果作物单产整体呈上升趋势。首先1992—2001年水果作物单产在1 900~4 500千克/公顷，其中在1994年单产创历史最低水平为1 984千克/公顷，相比1992年的3 317千克/公顷减少了40.18%。然后在2002—2013年水果单产呈波动上升趋势，从2002年的3 952千克/公顷增加至2013年的9 956千克/公顷，涨幅达151.92%。最后2017—2019年主要水果作物单产先增后减，呈倒V形变化趋势，其中2018年单产达历史最高水平，为11 708千克/公顷，截至2019年单产为10 195千克/公顷，相比1992年增长了207.36%（表2-4）。

表2-4　1992—2019年乌克兰主要水果作物种植面积、总产量和单产

年份	种植面积（公顷）	总产量（吨）	单产（千克/公顷）
1992	912 048	3 025 277	3 317
1993	912 345	3 778 576	4 142
1994	871 750	1 729 638	1 984
1995	785 757	2 775 435	3 532
1996	778 188	2 706 603	3 478
1997	771 161	3 322 258	4 308
1998	567 700	1 663 543	2 930
1999	574 200	1 519 351	2 646
2000	546 600	2 289 982	4 190
2001	505 446	1 739 208	3 441
2002	485 500	1 918 810	3 952
2003	451 000	2 508 950	5 563
2004	411 900	2 290 300	5 560
2005	382 600	2 354 460	6 154
2006	395 700	2 039 860	5 155
2007	377 200	2 235 950	5 928
2008	380 399	2 372 520	6 237
2009	368 300	2 635 600	7 156
2010	359 350	2 818 590	7 844
2011	360 600	3 035 610	8 419
2012	357 920	3 168 950	8 854
2013	356 940	3 553 790	9 956

（续）

年份	种植面积（公顷）	总产量（吨）	单产（千克/公顷）
2014	319 250	3 019 420	9 458
2015	309 530	3 004 150	9 706
2016	298 859	2 863 662	9 582
2017	296 595	2 785 980	9 393
2018	291 568	3 413 718	11 708
2019	286 336	2 919 086	10 195

数据来源：联合国粮食及农业组织数据库。

（四）糖料作物

乌克兰的糖料作物以甜菜为主。糖料作物种植面积占总耕地面积的比例甚少，仅为 0.84%；其产量占农作物总产量的 11.87%。从种植面积来看，1992—2019 年糖料作物面积首先从 1992—2000 年呈直线急剧减少，然后 2001—2012 年面积呈下降趋势，最后 2013—2019 年糖料作物面积波动趋于平缓。从产量来看，1992—2019 年糖料作物产量首先在 1992—1994 年小范围波动，然后在 1995—2000 年连续下滑，最后 2001—2019 年呈波动变化。从单位种植面积产量来看，1992—2019 年糖料作物单产首先在 1992—1999 年呈平缓下降趋势，然后在 2000—2008 年呈缓慢爬升趋势，在 2009—2012 年先降后升，呈 V 形变化趋势，最后 2013—2019 年整体波动上升（图 2-11）。

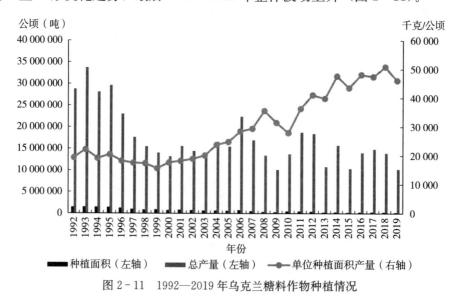

图 2-11　1992—2019 年乌克兰糖料作物种植情况

数据来源：联合国粮食及农业组织数据库。

从种植面积来看，糖料作物种植面积整体呈下降趋势，趋势可分为三个阶段：第一阶段为快速下降期（1992—2000 年），面积从 1992 年的 148.51 万公顷连续减少至 2000 年的 74.64 万公顷，降幅达 49.74%；第二阶段为波动变化期（2001—2012 年），这一阶段面积仍处于减少趋势，从 2001 年的 85.30 万公顷下降至 2012 年的 44.89 万公顷，减少了 47.37%，其中 2006—2008 年的面积波动最大，呈直线下降趋势，平均每年减少达 20.52 万公顷；第三阶段为趋于平稳期（2013—2019 年），此阶段面积处于 20 万至 40 万公顷之间，波动幅度较小，截至 2019 年糖料作物的种植面积为 22.13 万公顷，相比 1992 年减少了 85.10%。

从产量来看，糖料作物产量整体呈先急剧下降后小范围波动的趋势。1995—2000 年是产量趋于直线减少的突出时间段，分别从 1995 年的 2 965.00 万吨减少至 2000 年的 1 319.88 万吨，降幅达 55.48%。自 2000 年始，产量在 1 000 万吨至 2 300 万吨范围内波动变化，截至 2019 年糖料作物的产量为 1 020.45 万吨，相比 1992 年下降了 64.55%。糖料作物的单产近 26 年总体呈上升趋势，而种植面积不断下降，两者变动趋势和幅度不一致，导致产量呈先减少后小范围变动的趋势。

从单位种植面积产量来看，糖料作物单产整体呈上升趋势。1992—1999 年，单产从 19 381 千克/公顷波动减少至 15 630 千克/公顷，降幅达 19.35%。2000—2008 年，糖料作物单产从 17 684 千克/公顷逐步爬升至 35 625 千克/公顷，涨幅达 101.45%。2009—2012 年单产年均变化幅度最大，先从 31 491 千克/公顷急速下滑至 27 945 千克/公顷，降幅达 11.26%，再快速上升至 41 076 千克/公顷，变化趋势呈 V 形。截至 2019 年糖料作物单产达 46 112 千克/公顷，相比 1992 年上升了 137.92%（表 2 - 5）。

表 2 - 5　1992—2019 年乌克兰糖料作物种植面积、总产量和单产

年份	种植面积（公顷）	总产量（吨）	单产（千克/公顷）
1992	1 485 078	28 782 928	19 381
1993	1 519 440	33 717 008	22 190
1994	1 467 360	28 138 000	19 176
1995	1 448 500	29 650 000	20 470
1996	1 260 000	23 008 800	18 261
1997	1 004 700	17 662 800	17 580

（续）

年份	种植面积（公顷）	总产量（吨）	单产（千克/公顷）
1998	893 000	15 523 000	17 383
1999	899 800	14 064 000	15 630
2000	746 370	13 198 800	17 684
2001	853 000	15 574 600	18 257
2002	763 300	14 452 500	18 934
2003	665 600	13 391 900	20 120
2004	696 500	16 600 400	23 834
2005	623 300	15 467 800	24 816
2006	787 600	22 420 700	28 467
2007	577 000	16 977 700	29 424
2008	377 200	13 437 700	35 625
2009	319 700	10 067 500	31 491
2010	492 000	13 749 000	27 945
2011	515 800	18 740 000	36 332
2012	448 900	18 438 900	41 076
2013	270 450	10 789 360	39 894
2014	330 200	15 734 050	47 650
2015	237 000	10 330 750	43 590
2016	291 100	14 011 300	48 132
2017	313 600	14 881 550	47 454
2018	274 700	13 967 700	50 847
2019	221 300	10 204 530	46 112

数据来源：联合国粮食及农业组织数据库。

（五）坚果

乌克兰坚果主要有杏仁、核桃和榛子等。坚果种植面积占总耕地面积比例极低，仅为 0.44%，其产量占农作物总产量也是极少，仅为 0.11%。从种植面积来看，1992—1996 年坚果面积先增后减再增，呈 N 形变动，1997—2000年先下降再回升，呈 V 形波动，最后 2001—2019 年坚果面积趋于稳定。从产量来看，1992—2019 年坚果产量变动幅度较大，其中 1992—1999 年呈波动减少趋势，且在 1999 年跌至历史最低谷，2000—2019 年波动上升，在 2018 年达最大值。从单位种植面积产量来看，1992—2019 年坚果单产虽有波动，但波动幅度较小，其中 1992—1998 年，单产呈小幅波动、缓慢下滑趋势，1999—2019 年坚果单产不断波动上升（图 2 - 12）。

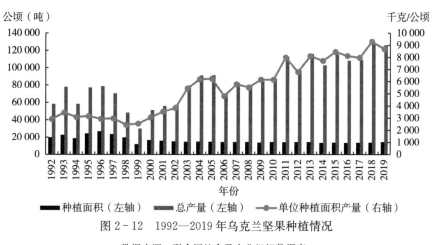

图 2 - 12　1992—2019 年乌克兰坚果种植情况

数据来源：联合国粮食及农业组织数据库。

从种植面积来看，坚果的种植规模整体呈先剧烈震荡、后平缓的趋势，变动趋势可分为三个阶段：第一阶段为波动变化期（1992—1996 年），面积先升后降再升，从 1992 年的 1.99 万公顷波动变化至 1999 年的 2.68 万公顷，增加了 34.67%；第二阶段为急剧减少期（1996—1999 年），从 2.68 万公顷下降至 1.18 万公顷，降幅达 55.97%；第三阶段为平稳期（2000—2019 年），坚果种植面积基本保持在 1.50 万公顷左右，截至 2019 年面积为 1.45 万公顷，相比 1992 年减少了 27.06%。

从产量来看，坚果的产量整体变动呈先下降后上升的趋势。1992—1998 年，坚果产量在 4～8 万吨呈 M 形波动。1998—1999 年产量下降幅度最大，降幅达 37.97%，且在 1999 年产量达到最低点，约为 3 万吨。之后 20 年坚果产量总体呈增长趋势，从最低产量波动增长至 2019 年的 12.62 万吨，相比 1992 年增长了 116.83%。

从单位种植面积来看，坚果单产整体呈不断上升的态势，变动趋势可分为两个阶段。第一阶段为缓慢下降期（1992—1998 年），坚果单产从 2 924 千克/公顷以相对平缓的速度减少至最低值，为 2 459 千克/公顷，下降了 15.90%。第二阶段为上升期（1999—2019 年），坚果单产从最小值不断爬升至 2018 年的最大值，为 9 294 千克/公顷，上升了 277.96%。截至 2019 年，单产达 8 691 千克/公顷，相比 1992 年增加了 5 767 千克/公顷（表 2 - 6）。

表 2 - 6　1992—2019 年乌克兰坚果种植面积、总产量和单产

年份	种植面积（公顷）	总产量（吨）	单产（千克/公顷）
1992	19 900	58 181	2 924
1993	22 604	77 935	3 448
1994	18 880	58 314	3 089
1995	24 400	77 215	3 165
1996	26 800	78 620	2 934
1997	23 700	70 528	2 976
1998	19 700	48 432	2 459
1999	11 800	30 042	2 546
2000	16 730	51 113	3 055
2001	15 817	55 899	3 534
2002	15 070	57 606	3 823
2003	14 653	79 551	5 429
2004	14 710	91 016	6 187
2005	14 678	91 365	6 225
2006	14 367	69 022	4 804
2007	14 297	82 582	5 776
2008	14 387	79 433	5 521
2009	13 676	84 139	6 152
2010	14 280	87 700	6 142
2011	14 107	112 840	7 999
2012	14 320	97 230	6 790
2013	14 350	116 150	8 094
2014	13 345	102 968	7 716
2015	13 650	115 310	8 448
2016	13 337	108 242	8 116
2017	13 663	108 921	7 972
2018	13 715	127 465	9 294
2019	14 516	126 156	8 691

数据来源：联合国粮食及农业组织数据库。

（六）纤维作物

乌克兰主要的纤维作物是亚麻。纤维作物面积占总耕地面积份额极少，仅为 0.01%，且呈不断减少趋势；其产量占农作物总产量份额同样微小，仅为

0.012%，且随着耕地面积的减少不断减少。从种植面积来看，1992—1994 年纤维作物种植规模呈直线下降趋势，1995 年有所回升；1996—2009 年面积以相对平缓的速度下滑；最后 2010—2019 年纤维作物面积不断趋于水平，且趋于零状态。从产量来看，纤维作物产量变动趋势和种植面积大体一致，从1992 年至 1994 年急速减少，在 1995 年有所缓和；再从 1996 年开始以相对缓慢的速度减少，最后趋于稳定状态。从单位种植面积产量来看，1992—2019年纤维作物单产变动趋势和前两者大相径庭，波动频率较大，波动趋势不一（图 2 - 13）。

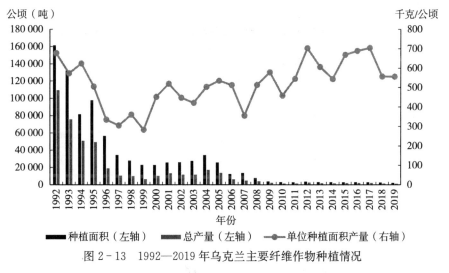

图 2 - 13　1992—2019 年乌克兰主要纤维作物种植情况

数据来源：联合国粮食及农业组织数据库

从种植面积来看，纤维作物种植规模整体呈不断减少趋势，且其趋势可分为三个阶段：第一阶段为先降后升期（1992—1995 年），面积首先从 1992 年的 16.14 万公顷急剧减少至 1994 年 8.15 万公顷，降幅达 49.48%，然后再上升至 1995 年的 9.78 万公顷，同比增长为 19.94%；第二阶段为持续下降期（1996—2009 年），种植面积逐年递减，从 5.65 万公顷减少至 0.38 万公顷，相比 1996 年下降了 93.28%；第三阶段为趋于稳定期（2010—2019 年），面积逐渐趋于稳定，并维持在 0.3 万公顷左右。

从产量来看，主要纤维作物变动走势和种植面积大体一致，总体呈不断下降趋势，且可分为三个阶段。第一阶段为减产期（1992—1999 年），纤维作物产量从 1992 年的 10.93 万吨减少至 1999 年的 0.65 万吨，下降了 94.07%；其中 1992—1994 年趋于直线快速减少，1995 年产量下降减缓，1996—1999 年产量下降趋势相对缓慢。第二阶段为小幅回升期（2000—2004 年），产量从 1.03 万吨增加至 1.72 万吨，增长了 0.69 万吨。第三阶段趋于稳定期（2005—2019 年），产量逐渐回落至 0.2 万吨左右并趋于稳定状态。

从单位种植面积产量来看，纤维作物不断呈波动变化，变动趋势可分为两个阶段。第一阶段为波动下降期（1992—1999 年），纤维作物单产从 677 千克/公顷波动减少至历史最低水平，为 283 千克/公顷，降幅达 58.20%。第二阶段为波动上升期（2000—2019 年），单产从 1999 年的最低点波动增加，其中在 2017 年达到最大值，为 704 千克/公顷。截至 2019 年单产达 557 千克/公顷，相比 1992 年下降了 17.73%（表 2-7）。

表 2-7　1992—2019 年乌克兰主要纤维作物种植面积、总产量和单产

年份	种植面积（公顷）	总产量（吨）	单产（千克/公顷）
1992	161 392	109 308	677
1993	131 900	75 700	574
1994	81 540	50 930	625
1995	97 800	49 400	505
1996	56 540	18 910	335
1997	34 370	10 490	305
1998	27 840	10 050	361
1999	22 900	6 480	283
2000	22 800	10 300	452
2001	25 600	13 300	520
2002	25 880	11 570	447
2003	27 430	11 550	421
2004	34 200	17 200	503
2005	25 600	13 700	535
2006	12 300	6 300	512
2007	13 500	4 800	356
2008	7 800	4 000	513
2009	3 800	2 200	579
2010	3 041	1 393	458
2011	2 830	1 544	546
2012	3 648	2 564	703
2013	3 001	1 821	607

（续）

年份	种植面积（公顷）	总产量（吨）	单产（千克/公顷）
2014	2 954	1 610	545
2015	2 867	1 918	669
2016	2 980	2 053	689
2017	2 880	2 028	704
2018	2 480	1 383	558
2019	2 133	1 187	557

数据来源：联合国粮食及农业组织数据库。

第二节　畜　牧　业

畜牧业是农业的重要组成部分，是人类与大自然进行物质交换的重要环节。乌克兰土地优质肥沃，全年降水较为平均，多年牧草长势较好，为发展畜牧业带来了得天独厚的自然条件。畜牧业主要包括肉牛、奶牛、绵羊、山羊、猪、家禽养殖业和特色产业等。家畜养殖业中，养猪业和养牛业所占比例较大且十分重要，是国内食品工业和轻工业的重要原料来源；家禽养殖业中，主要以肉鸡为主，并且鸡肉在乌克兰肉类消费中占据主导地位；养蜂业作为特色产业也有着十分重要的地位，良好的地理气候条件、丰富的蜜粉源和农作物资源，为养蜂业发展奠定了良好的基础，未来发展势头良好。由于其自然环境优渥，畜牧业未来发展仍具有巨大潜力和发展空间。

一、家畜养殖业

乌克兰土地优质肥沃，其地形大部分都是平原，辽阔的耕地面积和丰厚的土地资源给畜牧业发展带来了得天独厚的自然条件。家畜养殖业是畜牧业重要组成部分之一，不但为纺织、油脂、食品等工业提供原料，也为人民生活提供肉、乳等丰富的食品，为农业提供役畜和粪肥。家畜养殖业主要包括养羊业、养牛业、养马业和养猪业。

（一）家畜整体存栏量

乌克兰的自然条件为农业发展奠定了良好的基础。在家畜养殖中，整体来看，养牛业和养猪业规模较大，在家畜养殖中占据重要地位，也是国内食品工业和轻工业的重要原料来源，养羊业与养马业规模相对较小。

家畜养殖存栏量变化整体呈下降趋势。2005 年之前，牛养殖在家畜中规模最大，但在 2005 年以后，生猪养殖占据主导地位（图 2-14）。由于猪、牛、羊等牲畜多以家庭散养为主，所以发展较为缓慢，再加上近年来，多地暴发非洲猪瘟等牲畜疾病，导致家畜养殖量开始急剧下滑。散户养殖导致农户对抗风险能力较差，养殖成本偏高，再加之牲畜疾病肆虐，对家畜养殖户而言更是雪上加霜，因此许多农户不断减少养殖数量，缩减养殖规模，从而导致家畜养殖数量整体上持续下降。

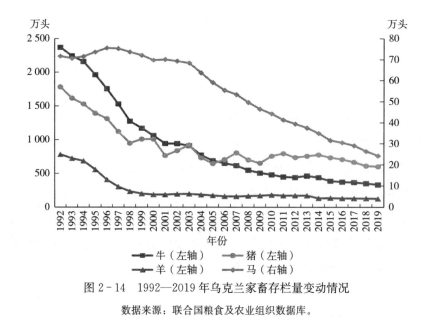

图 2-14　1992—2019 年乌克兰家畜存栏量变动情况

数据来源：联合国粮食及农业组织数据库。

（二）主要家畜存栏量变化情况

20 世纪 90 年代初期，家畜养殖中，牛的养殖数量最多，但是自 1992 年以来，除了 2013 年牛存栏量有小幅度上升以外，主要家畜存栏量一直处于持续下降状态。2019 年牛存栏量为 333.29 万头，仅为 1992 年的 14.05%。

羊的存栏量相较于 20 世纪 90 年代初期也出现了大幅度减少，2019 年羊存栏总量为 126.86 万头，为 1992 年的 16.20%，其中绵羊存栏量大幅度降低，减少了 90.38%，山羊养殖量相较 1992 年仅增加了 100 头。2000 年以前，羊养殖数量骤降，降幅达 75.93%，之后降幅相对较小。

马匹养殖数量在 2004 年之前呈波动变化，2004 年后养殖量开始逐渐下降，2019 年马匹存栏量为 24.4 万匹，为 1992 年的 34.03%。与其他家畜不同，马匹存栏量在 1999 年前波动增加且高于 20 世纪 90 年代初期养殖量，但随后养殖数量波动下降，养殖规模逐渐减小。

生猪养殖数量变化呈波动下降趋势，2019 年生猪存栏量是 20 世纪 90 年代初期的 33.78%。1992 年至 1998 年期间，生猪存栏量持续下降，从 1999 年开始至 2014 年，生猪养殖一直呈现波动性变化，后存栏量又缓慢下降（表 2-8）。由于近些年境内多地暴发非洲猪瘟等牲畜疾病导致生猪存栏量持续波动，根据乌克兰国家食品安全与消费者保护署统计，仅 2018 年乌克兰境内多地发生非洲猪瘟高达 145 起，许多家猪被扑杀，农户损失惨重，这也给猪肉业造成了巨大的损失。

表 2-8　1992—2019 年乌克兰家畜存栏量

年份	牛（头）	山羊（头）	绵羊（头）	羊合计（头）	马（匹）	猪（头）
1992	23 727 600	570 000	7 259 100	7 829 100	717 100	17 838 700
1993	22 456 800	640 100	6 596 500	7 236 600	707 100	16 174 900
1994	21 607 300	744 700	6 117 900	6 862 600	715 700	15 298 000
1995	19 624 300	782 200	4 792 300	5 574 500	736 600	13 945 500
1996	17 557 300	889 300	3 209 300	4 098 600	755 900	13 144 400
1997	15 313 200	853 900	2 193 200	3 047 100	753 500	11 235 600
1998	12 758 500	822 200	1 539 600	2 361 800	736 900	9 478 700
1999	11 721 600	827 600	1 198 400	2 026 000	721 300	10 083 400
2000	10 626 500	825 200	1 059 500	1 884 700	698 100	10 072 900
2001	9 423 700	911 900	963 100	1 875 000	701 200	7 652 300
2002	9 421 100	997 900	967 100	1 965 000	693 400	8 369 500
2003	9 108 400	1 034 300	950 100	1 984 400	684 300	9 203 700
2004	7 712 100	965 400	893 400	1 858 800	637 100	7 321 500
2005	6 902 J00	879 300	875 200	1 754 500	590 900	6 466 100
2006	6 514 100	757 300	872 200	1 629 500	554 800	7 052 800
2007	6 175 400	692 500	924 700	1 617 200	534 300	8 055 000
2008	5 490 900	644 800	1 033 800	1 678 600	497 500	7 019 900
2009	5 079 000	631 200	1 095 700	1 726 900	465 800	6 526 000
2010	4 826 700	635 500	1 197 000	1 832 500	443 400	7 576 600
2011	4 494 400	631 200	1 100 500	1 731 700	414 200	7 960 400
2012	4 425 800	646 200	1 093 200	1 739 400	395 700	7 373 200

（续）

年份	牛（头）	山羊（头）	绵羊（头）	羊合计（头）	马（匹）	猪（头）
2013	4 645 900	664 800	1 073 400	1 738 200	376 600	7 576 700
2014	4 397 700	482 600	859 400	1 342 000	350 400	7 764 400
2015	3 884 000	585 300	785 800	1 371 100	316 800	7 350 700
2016	3 750 000	581 400	743 900	1 325 300	305 800	7 079 000
2017	3 682 300	595 900	718 900	1 314 800	291 500	6 669 100
2018	3 530 800	582 100	727 200	1 309 300	264 900	6 109 900
2019	3 332 900	570 100	698 500	1 268 600	244 000	6 025 300

数据来源：联合国粮食及农业组织数据库。

总体而言，家畜养殖业整体发展不景气，存栏量在持续下降。乌克兰经贸农业部发布了《2021—2023 年农业发展支持计划》等相关农业政策来更好地支持农业发展。在该计划中，为推动畜牧业发展设立了专项预算补贴，用于养殖场的重建、改变生产结构、改善牲畜品种、支持生物多样性和生物安全。畜牧业目前仍具有巨大的消费潜力和发展空间。

（三）家畜产品总体产量

近年来家畜存栏量持续下降，导致家畜产品产量也处于削减状态。在家畜产品中，产量最高的是牛奶，其次是猪肉、牛肉、羊奶、羊肉、羊毛和马肉产量相对较低。从产量变化来看，除羊奶以外，其余家畜产品产量均低于 20 世纪 90 年代初期。

在奶制品行业中，牛奶产量较高，在 2000 年之前处于下降状态，2000 年以后有些许上升但随后又波动下降；羊奶产量在 2004 年以前一直稳步上升，但 2004 年以后有所下降，随后产量呈 N 形持续波动。近年来，联合国粮农组织也在不断帮助乌克兰奶制品行业，2013 年支持成立乌克兰乳制品行业工作组，大大推动了商用乳制品行业的发展。虽然近几年奶制品产量仍有波动，但行业总体的效率、生产率和盈利能力在不断提高。

在肉制品行业中，2006 年以前牛肉产量最多，2006 年之后猪肉产量最多，羊肉和马肉所占比例不多。牛肉的国内供给量基本处于持续下降状态，这可能与国民饮食习惯有关，乌克兰人对牛肉的需求量相对较小，对猪肉和鸡肉的需求量相对较大，所以近些年猪肉的供给量在不断增加。生猪存栏量虽然近几年下降，但近年来乌克兰不断从国外进口猪肉，导致国内供给量有所上升（图 2-15）。

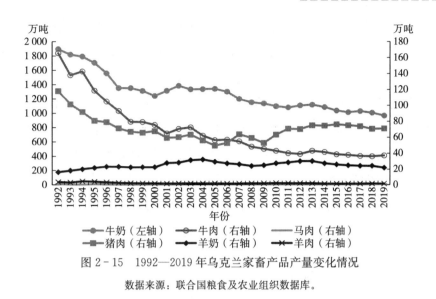

图 2-15 1992—2019 年乌克兰家畜产品产量变化情况

数据来源：联合国粮食及农业组织数据库。

（四）家畜产品产量变化情况

在奶制品产量中，牛奶产量最高，2019 年牛奶产量为 966.32 万吨，是 1992 年的 50.98%；羊奶需求量相对较小但产量有所增加，2019 年羊奶产量为 21.54 万吨，是 1992 年的 1.35 倍。在历年牛奶产量变化中，1997 年牛奶产量环比下降最多，下降了 13.16%；2001 年牛奶产量环比增长最多，增长了 5.77%。可以看出，牛奶产量十分不稳定，近些年呈波动下降趋势，但在 2019 年之前，牛奶产量均在 1 000 万吨以上，而 2019 年牛奶产量首次跌破 1 000 万吨，这也预示需要进口来满足国民基本需求。在历年羊奶产量变化中，2001 年环比增长最多，增长了 24.03%；2019 年环比下降最多，下降了 9.73%。羊奶供给量在 20 世纪 90 年代初期增长较多，但近几年逐渐呈下降趋势，这也与国民饮食习惯有关。2020 年 11 月，乌克兰乳业生产联盟在"2021 年国家预算：乳业面临的威胁"研讨会上发布消息，由于缺乏政府的足够支持，乌克兰正深陷乳业危机。除了奶牛数量迅速减少和产量下降外，乌克兰已成为牛奶净进口国（中国驻乌克兰大使馆经济商务参赞处，2020）。

在肉制品产量中，近几年猪肉产量最高，2019 年猪肉产量为 70.83 万吨，是 1992 年的 60.04%；牛肉产量近几年逐渐下降，2019 年牛肉产量为 36.95 万吨，是 1992 年的 22.32%；马肉产量一直较低，2019 年马肉产量为 7 700 吨，是 1992 年的 96.25%。总体而言，牛肉产量基本在持续下降，1995

年环比下降最多，下降了 16.90%；2013 年环比增长最多，增长了 10.12%。羊肉产量较低且一直处于波动下降状态，1997 年环比下降最多，下降了 23.27%；1994 年增长最多，环比增长了 46.67%。马肉产量非常低，基本呈先升后降的趋势，1993 年环比下降最多，下降了 37.5%；2001 年环比增长最多，增加了 40.96%（表 2-9）。总体来看，家畜肉类供给量普遍偏低，这与国民饮食有着紧密的联系，据驻乌克兰大使馆经济商务参赞处统计资料显示，2019 年活体肉消费结构占比中，鸡肉占 69.5%，猪肉占 22.9%，牛肉占 7.4%。由此可以看出，家畜类肉制品在国内消费量并不大。

表 2-9　1992—2019 年乌克兰家畜产品产量

单位：吨

年份	牛肉	牛奶	马肉	羊肉	羊奶	猪肉
1992	1 655 600	18 955 008	8 000	35 000	159 000	1 179 800
1993	1 379 000	18 199 008	5 000	30 000	178 000	1 013 000
1994	1 427 000	17 935 000	5 000	44 000	196 000	916 000
1995	1 185 900	17 060 300	6 800	39 500	214 000	806 900
1996	1 047 800	15 592 200	8 100	31 800	229 000	789 300
1997	929 600	13 539 600	9 200	24 400	228 000	710 000
1998	793 300	13 531 700	10 300	20 700	221 000	668 200
1999	791 200	13 140 000	10 500	19 000	222 000	656 300
2000	754 300	12 436 000	8 300	17 200	221 800	675 900
2001	645 700	13 153 500	11 700	15 400	275 100	591 200
2002	703 800	13 846 700	12 400	16 700	280 366	599 300
2003	722 900	13 350 640	16 227	16 889	310 725	630 900
2004	618 000	13 390 109	17 000	16 624	319 339	558 800
2005	561 800	13 423 753	15 160	16 241	290 558	493 700
2006	567 400	13 017 100	13 200	14 600	269 850	526 100
2007	546 100	12 002 900	13 800	15 300	259 200	634 700
2008	479 700	11 523 800	12 100	17 100	237 700	589 900
2009	453 500	11 363 500	11 800	17 800	246 100	526 500
2010	427 700	10 977 200	12 100	21 100	271 300	631 200
2011	399 100	10 804 000	12 100	19 600	282 000	704 400
2012	388 500	11 079 500	12 100	19 700	298 090	700 800
2013	427 800	11 188 910	12 000	18 700	298 935	748 300
2014	412 700	10 860 580	11 800	14 400	272 010	742 600
2015	384 000	10 359 400	8 200	13 700	255 980	759 700
2016	376 000	10 136 700	8 200	13 400	244 776	748 000
2017	363 500	10 280 500	8 400	13 500	239 500	735 900
2018	358 900	10 064 000	8 000	14 300	238 622	702 600
2019	369 500	9 663 200	7 700	13 900	215 400	708 300

　　数据来源：联合国粮食及农业组织数据库。

二、家禽养殖业

(一) 主要家禽整体存栏量

家禽作为畜牧养殖业的重要组成部分，对经济发展具有重要意义。家禽除了为人类提供肉、蛋之外，他们的羽毛等也具有重要的经济价值。乌克兰家禽养殖业在畜牧业中占据十分重要的地位，养殖主要以肉鸡为主，品种较为单一。在乌克兰人肉类消费中，鸡肉占据主导地位。

整体来看，家禽养殖数量还未恢复至 20 世纪 90 年代初期水平，截至 2019 年，鸡存栏量为 19 196.8 万只，是 1992 年的 91.92%；鸭存栏量为 1 168 万只，是 1992 年的 66.81%。由于乌克兰人的饮食习惯，家禽养殖业中，鸡养殖所占比例很大，鸭所占比例较小。鸡的养殖量整体呈现 N 形变化，鸭养殖量整体呈现先下降后波动性上升趋势。总体来看，1997 年鸡养殖量环比下降最多，下降了 14.89%，2002 年环比增长最多，增长了 11.41%；1993 年鸭养殖量环比下降最多，下降了 27.54%，2010 年环比增长最多，增长了 12.16%（表 2-10）。近几年家禽存栏量呈上升趋势，未来发展势头良好。

表 2-10　1992—2019 年乌克兰主要家禽存栏量

单位：千只

年度	存栏量			年度	存栏量		
	鸡	鸭	合计		鸡	鸭	合计
1992	208 836	17 482	226 318	2006	142 600	8 909	151 509
1993	187 668	12 668	200 336	2007	145 600	9 685	155 285
1994	166 494	11 049	177 543	2008	148 800	10 150	158 950
1995	142 351	9 155	151 506	2009	158 800	8 720	167 520
1996	128 955	8 622	137 577	2010	172 600	9 780	182 380
1997	109 754	7 934	117 688	2011	183 600	10 777	194 377
1998	103 819	7 692	111 511	2012	181 124	10 678	191 802
1999	108 810	8 378	117 188	2013	195 256	10 538	205 794
2000	105 612	8 269	113 881	2014	201 008	11 490	212 498
2001	103 772	8 072	111 844	2015	193 885	11 310	205 195
2002	115 609	8 542	124 151	2016	186 354	10 150	196 504
2003	125 146	8 956	134 102	2017	184 336	10 876	195 212
2004	122 100	8 158	130 258	2018	186 737	10 954	197 691
2005	131 976	8 392	140 368	2019	191 968	11 680	203 648

数据来源：联合国粮食及农业组织数据库。

（二）主要家禽产品产量

近年来家禽产品产量整体趋势较为乐观，呈上升趋势。在家禽产品产量中，产量最高的是鸡肉，其次是鸡蛋，最后是鸭肉（图2-16）。

在肉类消费市场中，鸡肉较受欢迎，市场消费面较为广泛，因此产量相对较高。家禽养殖业近几年发展迅速，并且有十分好的发展前景，而且乌克兰已经从禽肉的进口国发展成为净出口国。现在，乌克兰在全球供应商中位列前10，在欧盟国家中排名前3，经济的不断发展和生产基础设施的更新促进了禽肉的创纪录增长（驻乌克兰大使馆经济商务处，2020）。

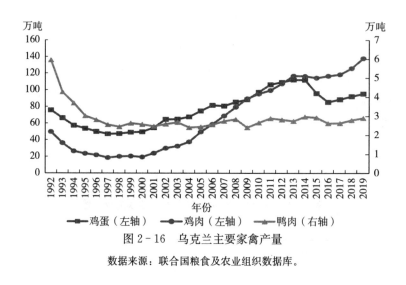

图2-16　乌克兰主要家禽产量

数据来源：联合国粮食及农业组织数据库。

（三）主要家禽产品产量变化情况

由于近些年家禽养殖数量有所上升，发展势头良好，因此国内家禽产品产量不断上升，市场供应量也随之上升。在家禽产品产量中，鸡肉产量最高，2019年鸡肉产量为138.14万吨，为1992年的2.77倍；2019年鸡蛋产量为95.35万吨，为1992年的1.26倍；2019年鸭肉产量为1992年的48.67%。总体来看，鸡蛋产量在2015年环比下降最多，下降了14.32%，在2002年环比增长最多，增加了18.39%；鸡肉在1993年下降最多，下降了27.34%，在2005年环比增长最多，增加了32.27%；鸭肉在1993年环比下降最多，下降了28.35%，在2010年环比增长最多，增加了10.60%（表2-11）。不难看出，鸡肉产量增长迅猛。随鸡肉产品出口，乌克兰在国际市场上的地位得到进一步巩固，也带来了一定的经济收入。

表 2 - 11   1992—2019 年乌克兰主要家禽类产品供给量

单位：吨

年份	国内供给量		
	鸡蛋	鸡肉	鸭肉
1992	757 367	498 200	59 477
1993	663 472	362 000	42 614
1994	573 757	264 000	36 745
1995	538 182	235 200	30 096
1996	500 750	217 800	28 014
1997	471 447	186 000	25 475
1998	475 000	200 000	24 404
1999	491 468	204 200	26 260
2000	496 567	193 200	25 602
2001	546 350	239 000	24 683
2002	646 840	299 700	25 794
2003	648 600	324 057	26 701
2004	677 400	375 452	24 010
2005	748 100	496 621	24 378
2006	815 600	589 100	25 539
2007	807 200	689 400	27 393
2008	855 200	794 000	28 319
2009	883 800	894 200	23 996
2010	973 900	953 400	26 539
2011	1 064 200	995 200	28 832
2012	1 092 600	1 074 700	28 159
2013	1 121 400	1 168 300	27 386
2014	1 119 800	1 164 700	29 690
2015	959 500	1 143 700	29 225
2016	854 600	1 166 800	26 227
2017	886 500	1 184 700	26 302
2018	922 300	1 258 900	27 886
2019	953 500	1 381 400	28 946

数据来源：联合国粮食及农业组织数据库。

三、特色养殖业

乌克兰养蜂业十分发达，有悠久的养蜂历史、良好的地理气候条件、丰富的蜜粉源植物和农作物资源，为养蜂业发展奠定了良好的基础。其大部分领土位于温带，气候和土壤条件适合发展农业，开花植物约有 3 万余种，这为养蜂业提供了良好的发展条件。养蜂业的分布与当地自然气候条件紧密相关，其主要蜜源区划分为如下 5 部分：喀尔巴阡山脉蜜源带、农田低地蜜源带、顿巴斯（顿涅茨煤田）蜜源带、森林草原蜜源带和南方大草原蜜源带（何茜，2019）。

作为十大蜂蜜生产国之一，乌克兰蜂蜜产量巨大，40 多万养蜂人每年可生产 7 万余吨蜂蜜。蜂产品主要由小型农场生产，大型专业蜂场数量极少。只有大型专业公司才有能力进行蜂产品的规模化、工业化生产，这是未来蜂业发展的方向。蜂蜜是主要的蜂产品，5 种主要的单花蜜有：向日葵蜜、荞麦蜜、油菜蜜、椴树蜜和金合欢蜜，此外还有各地产的杂花蜜。商业蜂蜜大部分是向日葵蜜和向日葵混合蜜，主要产自南部和东部，荞麦蜜主要产自中部和西部。金合欢蜜是蜂蜜中的精品，特色蜂蜜还有帚石南、草木樨、三叶草、山楂、覆盆子、绿豆、鼠尾草、紫锥菊、薰衣草、蓟、芫荽（香菜）的单花蜜，但这些种类的纯蜂蜜较难收集，数量稀少。

近年来养蜂业发展势头良好，蜂蜜产量呈上升趋势，截至 2019 年，蜜蜂养殖数量为 2 601 箱，为 1992 年的 73.77%；2019 年蜂蜜产量为 6.99 万吨，为 1992 年的 1.22 倍。20 世纪 90 年代以来，蜂箱数量与蜂蜜产量均呈波动型变化，蜂箱数量自 20 世纪 90 年代初期以来呈波动下降趋势，主要是由于经济环境压力以及蜂种杂交、新烟碱类农药导致蜂中毒等，因此蜂箱数量有所下降。蜂蜜产量随蜂箱产量变化而变化，但由于养蜂效率的不断提高，蜂蜜产量在不断增加（图 2-17）。

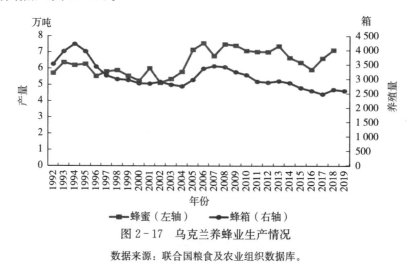

图 2-17　乌克兰养蜂业生产情况

数据来源：联合国粮食及农业组织数据库。

　　乌克兰政府非常重视养蜂业的发展，制定蜂业发展规划并颁布了《养蜂法》，还将每年的 8 月 19 日定为养蜂人日。《养蜂法》提出了一系列政策措施来提高养蜂业经济效益，如重点完善国家对蜂业的支持和管理、培养蜂业专家、加强植物管理来保护蜜蜂等。为推动养蜂业的发展，相关专家建议从养殖、繁育、卫生、科研等方面持续提高蜜蜂质量，在国家层面推行在各地建立蜜蜂繁育场和种蜂场、鼓励蜂产品生产者引进最新技术和设备、改善蜜蜂饲养条件和饲料基地等措施，密切关注世界蜂业发展趋势。

第三节　渔　　业

　　渔业是人类利用水域中生物的物质转化功能，通过捕捞、养殖和加工，以取得水产品的社会产业部门，是农业部门的重要组成部分。乌克兰渔业有着悠久的历史，水利资源丰富，它的海洋渔业在历史上分为两个独立的部分：乌克兰和邻国专属经济区（EEZ）内的黑海和亚速海的渔业；亚速海和黑海地区以外的遥远水域渔业。目前，用于养鱼的面积达到 150 万公顷（德涅伯河流域、湖泊和河口区域），其中近 18 万公顷为池塘，用于养鱼的湖面近 5 万公顷。渔业主要养殖种类为鲤鱼、鲢鱼、鳙鱼、草鱼、鲫鱼，以及低纬度的匙吻鲟、白斑狗鱼等，主要养殖技术为池塘草鱼鲤鱼混养技术（FAO，FishStatJ）。近些年渔业发展逐渐萎缩，但未来市场发展空间仍然较大。

一、渔业生产概况

　　乌克兰渔业有着几百年的历史，早在 1887 年，便从加利西亚得到了鲤鱼，并逐步开始建立池塘养殖的方式。早年以基辅养鱼实验站为基础建立了乌克兰渔业所，在这里开启养殖鲤鱼的发展计划，在此期间，水产养殖快速发展。在乌克兰中东部建设了最大的湖泊设施并投入使用，湖泊养殖面积达到 18 万公顷。除了传统池塘养殖外，也利用发电站的热水进行网箱养殖。乌克兰的水产养殖在 1970—1980 年期间经历了特别的发展，在湖泊开始了以远东综合企业草食性鱼类混养为基础的精养，在这些年间，积极开发了虹鳟、鲟和鲶鱼的工厂化养殖，这对在第聂伯河水面、多瑙河下游湖泊和河口这样的大型水体开展高价值鱼类养殖有特别的指导意义。但后来，随着政治、经济和社会情况的变化，水产品产量大大下降。尤其从 2003 年以后，水产养殖产量一直低于 3 万吨，在 2019 年水产养殖产量仅有 1.86 万吨。

从渔业总生产量可以看出，近年来水产养殖产量占比较低，渔业生产产量大多来自捕捞。从生产趋势可以看出，渔业生产萎缩严重，2019 年渔业总生产量为 10.01 万吨，仅为 1992 年产量的 19.10%，其中水产养殖产量为 1.86 万吨，为 1992 年的 27.80%；捕捞产量为 8.15 万吨，为 1992 年的17.82%。总体来看，水产养殖产量在 1994 年环比下降最多，下降了33.93%，在 2007 年环比增长最多，上升了 45.80%；捕捞产量在 2016 年环比下降最多，下降了 37.04%，在 1995 年环比增长最多，增长了 40.96%（图 2-18）。在水产品市场上，现大多依靠进口、远洋捕捞以及黑海和亚速海捕捞来满足国民消费。

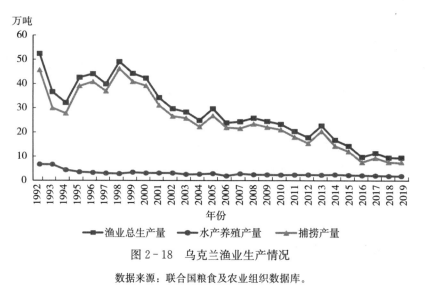

图 2-18　乌克兰渔业生产情况

数据来源：联合国粮食及农业组织数据库。

二、渔业生产结构

渔业捕捞量是指从所有渔业水体或其他水体中提取的水生物资源（鱼类和其他水生物资源）。目前，乌克兰有近 60 家专门的养鱼设施，近 15 家大型池塘养殖面积超过 1 000 公顷，包括 5 个面积超过 3 000 公顷的设施，还有几家采用精养技术的池塘。在区域方面，南部主要养殖草食鱼类，西部、北部和中部养殖鲤鱼。绝大部分养殖设施为股份公司所有，剩下的设施为国有和合作社所有。

在渔业生产结构中，包括鱼类、甲壳类以及贝类等，从 2000 年至 2018 年间，渔业捕捞量在逐年减少，尤其是从 2013 年至 2014 年，捕捞量出现骤降，下降了 59.59%。在鱼类养殖中，常见的养殖品种有鲫鱼、鲤鱼、鲢鱼等。随着养殖环境的变化，每年捕捞数量最多的鱼种也在变化。2000 年，捕捞数量较多的鱼种是斯普拉特鲤鱼、沙丁鱼和马鲭鱼，但随后捕捞数量开始逐渐下滑，到 2013 年沙丁鱼捕捞数量仅为 4 883 吨，是 2000 年的 10.42%，斯普拉特鲤鱼在 2013 年也相较 2000 年下降了 57.40%。从 2014 年开始，捕捞鱼种类开始发生变化，截至 2018 年，捕捞鱼种为牛头鱼、鲢鱼、鲤鱼、鲫鱼、斯普拉特鲤鱼，其中捕捞量最多的品种为牛头鱼，其次是常见的中国鲤科鱼类。其他水生生物中，捕捞量最多的为甲壳类动物，近年来捕捞量有上涨趋势，2018 年捕捞量为 1.56 万吨，是 2010 年以来的最高捕捞量。贝类生物捕捞量呈现 N 形变化趋势，但捕捞量总体较小（表 2-12）。

表 2-12 2000—2018 年乌克兰渔业捕捞量

单位：吨

项目	2000 年	2005 年	2010 年	2013 年	2014 年	2015 年	2016 年	2017 年	2018 年
渔业总捕捞量	350 087	265 585	218 681	225 802	91 252	88 552	88 443	92 645	86 223
其中：鱼类总计	346 699	234 185	215 017	216 354	80 958	73 963	78 490	81 875	64 738
主要包括：牛头鱼	752	9 607	8 888	13 349	11 851	15 651	19 507	22 989	11 770
鲫鱼	—	—	—	—	4 693	5 305	7 355	9 367	8 133
斯普拉特鲤鱼	29 422	31 423	24 230	12 535	2 078	1 653	1 360	1 443	4 390
鲤鱼	8 519	10 531	9 858	11 524	9 697	9 807	9 081	9 017	9 184
沙丁鱼	46 874	38 979	22 277	4 883	6 079	—	—	—	—
马鲭鱼	27 734	25 773	25 852	25 149	100	—	6	—	—
鲢鱼	15 239	14 705	11 752	14 778	12 454	11 523	10 877	9 115	9 957
其他水生生物总计	3 388	31 400	3 664	9 448	10 294	14 589	9 953	10 770	21 485
主要包括：甲壳类动物	10	14 077	41	4 800	9 303	13 081	7 842	8 693	15 631
贝类	3 353	17 256	2 732	3 817	634	900	1 553	1 691	—

数据来源：《乌克兰国家年鉴 2018》。

总体来看，渔业捕捞以鱼类为主，虽然目前养殖数量不高，但随着国民经济水平不断上升，鱼类和渔业市场有巨大潜力和发展空间。渔业未来发展趋势将是改进传统鱼类养殖方式、推广工厂化养殖以及发展海水精养等。

第四节　林　　业

林业是保护生态环境，保持生态平衡，培育和保护森林以取得木材和其他林产品，利用林木的自然特性以发挥防护作用的生产部门，是国民经济的重要组成部分。乌克兰国土面积的 2/3 为黑土地，占世界黑土总量的 30%。森林物种较为丰富，优势树种包括松树、栎树、榉树、云杉等。总体来看，乌克兰林业发展较为乐观，原木产量较大，2018 年其原木出口量位于世界之首，但随着采伐量的增加，国会从 2019 年开始限制原木出口并鼓励植树造林以恢复林业生产。

一、林业资源概况

乌克兰自然资源丰富，森林物种多样。截至 2018 年，其森林和林区面积共计 1 067.49 万公顷，其中森林面积共计 842.46 万公顷。森林所有权方面，公有制几乎占 100%，在公有森林的管理权中，公共部门管理占 91%，其他占9%。森林分布方面，因自然地理和气候状况不同导致森林分布很不均衡，森林主要分布在波利斯地区、草原带、森林草原带、喀尔巴阡山区（刘珉，2017）。

乌克兰主要树种多于 30 个，优势树种是松树、栎树、榉树、云杉等，其中针叶树占 42.45%，阔叶树占 50.54%，针叶树主要分布在喀尔巴阡山脉，阔叶树主要分布在中部和南部。根据乌克兰林木采伐情况可以看出，伐木面积占比最高的是松树，其次是橡树、云杉等。2016 年至 2018 年间整体伐木面积呈上升趋势，松树伐木面积增加了 30.97%；橡树伐木面积略微下降，减少了5%；云杉伐木面积下降了 6.43%；榉树的伐木面积增加了 6.4%；其他硬木阔叶树种伐木面积增加了 6.69%。采购木材方面，整体采购量先下降后上升，整体呈下降趋势，其中松树采购量上升 7.47%；云杉采购量下降 22.71%；橡树采购量下降 5.69%；榉树采购量下降 3.42%，其他硬木阔叶树种上升4.46%（表 2 - 13）。

表 2-13　2016—2018 年乌克兰林木采伐和林木种类组成

项目	伐木面积（千公顷）			采购木材（千立方米）		
	2016 年	2017 年	2018 年	2016 年	2017 年	2018 年
总计	386.3	419.1	445.5	22 602.3	21 914.8	22 529.7
其中：						
松树	190.8	229.9	249.9	11 692.7	11 663	12 565.9
云杉	28	26.7	26.2	2 834.7	2 157.7	2 191
橡树	84	78.5	79.8	2 973.2	2 803.4	2 804
榉树	25	26.6	26.6	1 313.9	1 386.6	1 268.9
其他硬木阔叶树种	29.9	29.3	31.9	1 464.3	1 508.1	1 529.6

数据来源：《乌克兰国家年鉴 2018》。

二、林业生产概况

《乌克兰森林 2010—2015 规划》认为，森林经营的目标是为了提高森林的质量、生态功能、保护功能和生产率，选择环境友好型的择伐和逐渐采伐方式是必要的。由于自然条件优渥，原木产出量较大，2018 年乌克兰位于世界五大原木出口国之首，出口原木高达 104.3 万立方米（林产品年鉴，2018）。林业生产中，原木产出比例较高且出口比例较大，从 2000—2018 年原木采伐量可以看出，近些年原木采伐量呈上升趋势，2018 年伐木量达 1 969.57 万立方米，相较于 2000 年增加了 74.89%。原木采伐中，低档木材占比较大，为 54.43%，工业原木占比较小，为 45.57%（表 2-14）。

表 2-14　2000—2018 年乌克兰原木采伐量

单位：千立方米

项目	2000 年	2005 年	2010 年	2013 年	2014 年	2015 年	2016 年	2017 年	2018 年
原木（合计）	11 261.7	15 244.3	16 145.6	18 021.9	18 333.2	19 267.7	19 605.7	18 913.9	19 695.7
其中：工业原木	5 239.2	6 617	7 536	8 102.1	8 158.8	8 302.6	8 311.3	7 296.6	8 976
低档木材	6 022.5	8 627.3	8 609.6	9 919.8	10 174.4	10 965.1	11 294.4	11 617.3	10 719.7

数据来源：《乌克兰国家年鉴 2018》。

从国内木材消耗来看，针叶树类销售量较大，为 997.1 万立方米，阔叶树类销售量较小，为 620.44 万立方米。在销售种类上，低档木材销售量较高，占比 55.23%，工业原木占比 44.77%（表 2-15）。随原木消耗量和采伐量的增加，国会正式宣布从 2019 年开始禁止原木出口，并将国内的原木年消费总量限制在 2 500 万立方米/年以内。在此期间，国家森林局积极开展森林重建、林业融资等，以利于森林防护、保护、开发，提高森林管理的效率，维护森林生物多样性。

表 2 - 15　2018 年乌克兰境内销售森林产品

单位：千立方米

项目	合计	其中	
		针叶树	阔叶树
原木	16 175.4	9 971	6 204.4
其中：工业原木	7 241.1	5 200.9	2 040.2
低档木材	8 934.3	4 770.1	4 164.2

数据来源：《乌克兰国家年鉴 2018》。

本章从种植业、畜牧业、渔业和林业四大产业对乌克兰农业进行总结分析。在种植业方面，乌克兰有谷类作物、蔬菜瓜果作物、油料作物、水果作物、糖料作物、纤维作物和坚果等。谷类作物作为最重要的种植作物之一，其种植面积占总耕地面积份额最大；其次是油料作物，其种植面积约占总耕地面积三成，且一直以来呈明显稳步上升趋势；最后蔬菜瓜果作物、糖料作物、水果作物、纤维作物和坚果种植面积较少，特别是纤维作物，近 27 年呈现不断减种减产的趋势。在畜牧业方面，主要包括养猪业、养牛业、养马业、养羊业和养蜂业，其中养猪业、养牛业、养鸡业和养蜂业占有重要位置，养羊业和养马业占比较小。在肉类消费中，鸡肉占主导地位，其次是猪肉和牛肉；在奶类消费中，以牛奶为主。在渔业方面，产量主要来自捕捞，主要养殖种类为鲤鱼、鲢鱼、鲫鱼等，但近几年产量较低，且鱼类养殖主要以传统养殖为主，发展较为落后。在林业方面，发展较为乐观，优势树种是松树、栎树、榉树、云杉等，原木产量较大，2018 年原木出口量为世界之首，但随采伐量不断增加，近些年逐渐开始限制出口以保护林业生产。

第三章 CHAPTER 3
乌克兰农产品国际贸易 ▶▶▶

本章将结合联合国商品贸易数据库（UN Comtrade Database）1995—2019年间乌克兰农产品贸易数据，对乌克兰农产品贸易规模、产品结构及市场结构进行分析，其中对农产品统计范围的界定采用的是《联合国国际贸易分类标准》（Standard International Trade Classification）的商品分类方法，且为保证统计范围内数据的完整性，本书采用第三次修订版（SITC Rev. 3）分类标准，选用一位和二位统计农产品类别，具体农产品分类见表 3-1。

表 3-1　国际贸易农产品具体分类

类　别	具体产品
第 0 类（食品及活动物）	第 00 章（活动物）、第 01 章（肉及肉制品）、第 02 章（奶制品和蛋类）、第 03 章（鱼及鱼制品）、第 04 章（谷物及谷物制品）、第 05 章（蔬菜及水果）、第 06 章（糖、糖制品及蜂蜜）、第 07 章（咖啡、茶、可可粉及香料）、第 08 章（动物饲料）、第 09 章（混合食物制品）
第 1 类（饮料及烟类）	第 11 章（饮料）、第 12 章（烟草及烟草制品）
第 2 类（除燃料外的非食用原未加工材料）	第 21 章（生皮及皮革）、第 22 章（含油种子及油质水果）、第 23 章（天然橡胶）、第 24 章（软木及木材）、第 25 章（纸浆与废纸）、第 26 章（纺织纤维）、第 29 章（未加工动植物原料）
第 4 类（动植物油脂及蜡）	第 41 章（动物油脂）、第 42 章（固态植物油脂）、第 43 章（加工后的动植物油脂类）

数据来源：联合国商品贸易数据库（UN Comtrade Database）SITC Rev. 3 商品分类标准。

第一节　贸易规模

1995—2019 年乌克兰农产品对外贸易总额总体呈现波动性上升趋势，贸

63

易规模不断扩大。其中，2008年之前农产品对外贸易总额基本呈稳步上升态势，2008年较1995年增长了约10.40倍。2008年后农产品对外贸易总额波动幅度较大，2009年贸易总额降至156.80亿美元，原因可能是受到2008年全球金融危机的后续影响；2010—2013年农产品对外贸易总额逐渐回升，达264.88亿美元；2014—2015年全球贸易持续低迷，乌克兰农产品对外贸易规模也有所缩小，2015年缩减至191.50亿美元；近年来农产品对外贸易总额逐年增加，截至2019年为305.03亿美元。

进口方面，1995—2019年农产品进口总额的变化相对平缓。1995—1999年进口总额有小幅度的波动，1997年增至17.10亿美元后降至1999年的8.64亿美元；2000—2008年农产品进口总额稳步上升，年均增长率约为28.43%；2009年后农产品进口总额波动幅度巨大，大致呈现N形，其中2009—2015年农产品进口总额先增后减，由51.53亿美元增至87.03亿美元，后降至38.49亿美元；2016—2019年农产品进口总额缓慢上升，由44.32亿美元增至61.19亿美元，年均增幅为11.35%。

出口方面，1995—2019年农产品出口规模变动幅度与总体贸易规模变动幅度基本一致，农产品出口规模同样在波动中扩大。1995—1996年，农产品出口额出现小幅度上升，2016年为27.86亿美元，之后直至2000年大致保持在16亿美元左右，在2001—2006年，农产品出口总额年均增长7亿美元左右，2007—2008年激增至117.75亿美元。2008年后农产品出口总额呈W形变化，2009—2012年不断上升，达185.02亿美元，2013—2015年期间由于全球贸易较为低迷，出口总额逐年下降，2016—2019年出口总额大幅度上升达到243.84亿美元，较1995年扩大了约34.78倍。从贸易差额来看，1995—2019年农产品对外贸易基本为贸易顺差，除1995年为贸易逆差，但贸易逆差仅为4.34亿美元。1996—2007年贸易顺差差额相对较小，平均贸易顺差差额为10.77亿美元，2008—2019年贸易顺差差额大幅度上升，到2019年贸易顺差差额达到最大，为182.65亿美元。由此看出，乌克兰农产品对外贸易处于有利地位，农产品国际竞争力较强，但较大的贸易顺差也意味着该国经济增长对外依存度较高，存在一定的隐患（图3-1）。

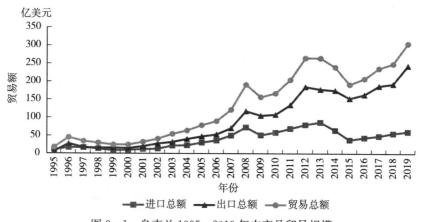

图 3-1　乌克兰 1995—2019 年农产品贸易规模

数据来源：联合国商品贸易数据库（UN Comtrade Database）。

第二节　产品结构

乌克兰农产品大致可分为四类，包括：第 0 类农产品"食品及活动物"、第 1 类农产品"饮料及烟类"、第 2 类农产品"除燃料外的非食用未加工材料"和第 4 类农产品"动植物油脂及蜡"。其中进口农产品中占比最大的是第 0 类农产品，其次为第 1 类农产品和第 2 类农产品，占比最小的是第 4 类农产品；出口产品中占比最大的是第 0 类农产品，其次为第 2 类农产品和第 4 类农产品，占比最小的为第 1 类农产品。

一、进口产品结构

1995—2019 年进口农产品中，第 0 类农产品"食品及活动物"进口额所占比重最大，平均为 63.88%，最高时比重达 70.85%，最低值出现在 1995 年，但其所占比重仍在 50% 以上。其次为第 1 类农产品"饮料及烟类"和第 2 类农产品"除燃料外的非食用未加工材料"，平均进口额所占比重分别为 15.25% 和 15.07%，两者所占比重均呈现"几"字形波动，不同的是第 1 类农产品"饮料及烟类"进口额占比大体呈减小趋势，1995 年其进口额占比达 34.78%，但 2008 年跌至 9.51%，虽然 2015 年该类农产品进口额占比为 16.59%，但从近几年看该类农产品进口额占比仍较小，而第 2 类农产品"除

燃料外的非食用未加工材料"进口额占比则是在波动中不断扩大，1995 年其
进口额占比仅为 7.29%，至 2019 年占比达到 15.21%。占比最小的为第 4 类
农产品"动植物油脂及蜡"，该类农产品进口贸易额占农产品进口贸易总额平
均占比为 5.79%，2008—2010 年该类农产品占比出现大幅度上升，平均占比
达到 13.28%（图 3 - 2）。

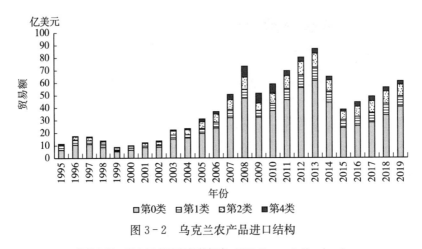

图 3 - 2　乌克兰农产品进口结构

数据来源：联合国商品贸易数据库（UN Comtrade Database）。

具体来看，1995—2019 年进口的第 0 类农产品"食品及活动物"总体呈
现上升趋势，平均进口额为 25.97 亿美元。1995—2008 年，该类农产品进口
额急剧增加至 47.73 亿美元，相比 1995 年增加了 6 倍多，2009—2019 年，该
类农产品进口额呈先增后减再增的态势，在 2013 年达到最大值，为 61.66 亿
美元，之后有所回落，截至 2019 年其进口额为 40.62 亿美元。其中，进口额
占比最大的为第 07 章"咖啡、茶、可可粉及香料"，其占第 0 类农产品进口总
额的比重平均为 20.15%，占比最大值出现在 2000 年，达 27.28%，但近年来
其占比有所降低，2019 年为 15.64%；进口额平均占比排名第二的为第 05 章
"蔬菜及水果"，平均占第 0 类农产品进口总额的 20.02%，其进口额占比呈现
波动性上升趋势，最高时为 2013 年，其进口额占比达 28.05%，而 2019 年该
类农产品占比降至 23.16%；第 03 章"鱼及鱼制品"的进口额平均占比仅次
于前两者，其占第 0 类农产品进口额比重平均为 15.60%，该类农产品进口额
在波动中不断增长，由 1995 年的 0.63 亿美元增至 2019 年的 7.32 亿美元，扩
大了约 11 倍；第 04 章"谷物及谷物制品"和第 09 章"混合食物制品"，占第
0 类农产品进口总额的比重平均为 10.49% 和 10.48%，两者进口额总体均呈

现扩张态势，特别是第 04 章农产品进口额占比在 2003 年达到 37.48％，但随后又迅速减少，至 2019 年降低至 8.88％，第 09 章农产品进口额最大值出现在 2013 年，达 5.89 亿美元，相较于 1995 年扩大了近 10 倍，随后又有所回落，截至 2019 年其进口额为 4.15 亿美元，其进口额占比近几年相对稳定，大约保持在 1％左右；第 01 章"肉及肉制品"，平均占比为 8.68％，排名第 6，其进口额总体上呈在波动中不断升高的趋势，仅在 2007—2008 年该类农产品进口额便增长了 4 倍之多，2008 年达到最大，为 9.49 亿美元，2008 年后受全球金融危机的影响，其进口额出现大幅度波动，但近几年总体呈稳定上升趋势；第 06 章"糖、糖制品及蜂蜜"、第 08 章"动物饲料"、第 02 章"奶制品和蛋类"和第 00 章"活动物"进口额较小且占比均低于 5％，这四类农产品在 1995—2019 年，进口额平均占比分别为 4.54％、4.38％、4.09％和 1.56％（图 3 - 3）。

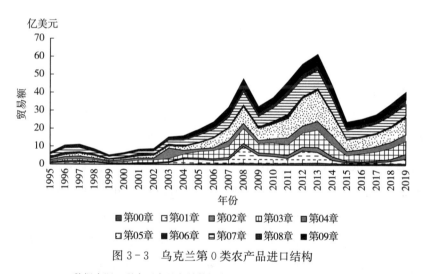

图 3 - 3　乌克兰第 0 类农产品进口结构

数据来源：联合国商品贸易数据库（UN Comtrade Database）。

1995—2019 年第 1 类农产品"饮料及烟草"进口规模总体呈先降后升的趋势，平均进口额为 5.46 亿美元。1996—2001 年该类农产品进口规模整体下降，至 2001 年仅为 1.29 亿美元，年均降幅为 20.76％。2002—2019 年该类农产品进口额呈"几"字形变动，总体规模呈上升趋势，最大值出现在 2013 年，为 10.57 亿美元，随后进口额有所回落，截至 2019 年其进口额达 8.48 亿美元。其中，第 12 章"烟草及烟草制品"进口额在第 1 类农产品中的平均占比为 57.28％，其进口规模在总体上来看是上升的，但近几年在波动中不断下降，至 2019 年为 3.61 亿美元；第 11 章"饮料"进口额占第 1 类农产品进口总额的平均比重为 42.72%，近几年其进口规模大体呈逐年上升趋势，至 2019 年为 4.87 亿美元（图 3-4）。

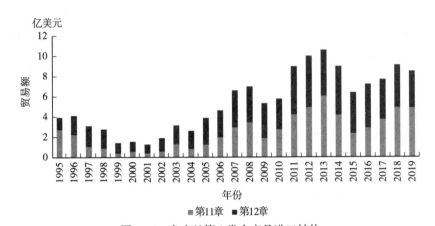

图 3-4　乌克兰第 1 类农产品进口结构

数据来源：联合国商品贸易数据库（UN Comtrade Database）。

1995—2019 年第 2 类农产品"除燃料外的非食用未加工材料"进口额大致呈现波动中增长趋势。2008 年以前涨势明显，2008 年达 9.77 亿美元，较 1995 年增长了近 12 倍，2008 年以后受全球金融危机的影响该类农产品进口额波动较大，总体呈 W 形变动，至 2019 年其进口额达 9.30 亿美元，25 年间年均进口额为 6.02 亿美元。其中，第 26 章"纺织纤维"进口额占比最大，占第 2 类农产品进口额的比重平均为 23.44%，近几年其占比呈逐年扩大趋势；进口额平均占比排名第二的是第 29 章"未加工动植物原料"，该类农产品占第 2 类农产品进口额比重平均为 20.62%；第 23 章"天然橡胶"进口额平均占比为 19.34%，排名第三；第 22 章"含油种子及油质水果"进口额平均占比为 16.92%，排名第四；第 25 章"纸浆与废纸"占第 2 类农产品进口额的平均比重为 11.13%；第 24 章"软木及木材"和第 21 章"生皮及皮革"进口相对较少，占第 2 类农产品进口额的平均比重分别为 5.27% 和 3.28%（图 3-5）。

1995—2019 年第 4 类农产品"动植物油脂及蜡"进口额总体呈现先增后减趋势。1995—2008 年为波动增长阶段，特别是 2006—2008 年进口额大幅度上升，由 1.96 亿美元上升到 8.70 亿美元，年均增长率高达 110.68%。2009—2019 年为波动减小阶段，2019 年降至 2.78 亿美元。该类农产品 25 年间年均

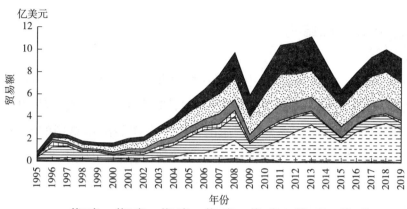

图 3-5 乌克兰第 2 类农产品进口结构

数据来源：联合国商品贸易数据库（UN Comtrade Database）。

进口额为 2.65 亿美元。其中，第 42 章"固态植物油脂"进口额占比最大，平均占第 4 类农产品进口总额的 72.69%，除 2000 年为 44.70%外，该类农产品进口额所占比重均在 55%以上，在 2007 年甚至达到 90.18%；其次为第 43 章"加工后的动植物油脂类"，其进口额占第 4 类农产品进口总额比重平均为 18.83%，但 2000 年该类农产品进口总额为 0.14 亿美元，占第 4 类农产品进口总额的 51.88%，截至 2019 年进口额为 0.30 亿美元；第 41 章"动物油脂"进口额平均占比最小，为 8.47%，最高时为 2014 年，占比为 22.64%，至 2019 年进口额达 0.37 亿美元（图 3-6）。

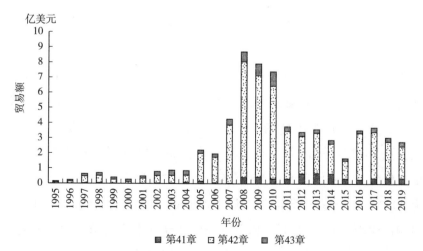

图 3-6 乌克兰第 4 类农产品进口结构

数据来源：联合国商品贸易数据库（UN Comtrade Database）。

二、出口产品结构

1995—2019 年出口的产品中，第 0 类"食品及活动物"出口额占农产品出口总额的比重最大，平均占比为 60.23%；其次为第 2 类农产品"除燃料外的非食用未加工材料"，该类农产品出口额占农产品出口总额的比重平均为 18.87%，总体上呈波动下降趋势；第 4 类"动植物油脂及蜡"，其出口额占农产品出口总额比重平均为 15.82%，该类农产品出口额占农产品出口总额的比重呈现波动性上升趋势，由 1995 年的 6.27% 升至 2019 年的 18.07%；占比最小的为第 1 类农产品"饮料及烟类"，该类农产品出口额占农产品出口总额的比重平均为 5.08%，占比最高在 2005 年，也仅为 9.63%（图 3 - 7）。

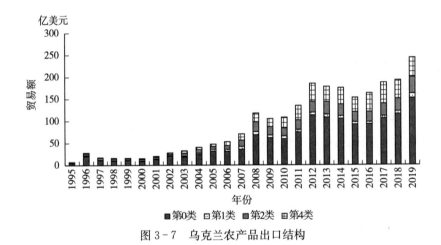

图 3 - 7　乌克兰农产品出口结构

数据来源：联合国商品贸易数据库（UN Comtrade Database）。

具体来看，1995—2019 年第 0 类农产品"食品及活动物"的出口额总体呈波动上升趋势，尤其是近几年该类农产品出口额上升幅度较大，从 2016 年的 93.08 亿美元升至 2019 年的 151.88 亿美元，年均增长率为 17.73%，主要原因是受到 2016 年第 04 章"谷物及谷物制品"出口额上升的影响，25 年间平均出口额为 55.50 亿美元。其中，第 04 章"谷物及谷物制品"出口额平均占比为 49.62%，占第 0 类农产品出口总额的一半左右，且近 8 年来该类农产品出口额占比均在 60% 以上，其出口额呈波动性上升趋势，出口额近四年增长明显，2019 年达 98.65 亿美元；第 02 章"奶制品和蛋类"和第 05 章"蔬菜及水果"出口额占第 0 类农产品出口额的比重平均分别为 8.57% 和 9.10%；

出口额平均占比排名第四的是第 01 章"肉及肉制品",其平均占比为 8.27%,特别在 1995—1997 年第 01 章农产品出口额占比迅速上升至 25.93%,经历了短暂波动后其占比又迅速下降,近十年其出口额占比一直维持在较低水平,平均占比仅为 3.78%;第 08 章"动物饲料"出口额占比排第五位,该类农产品1995—2019 年出口额占第 0 类农产品出口额的比重平均为 7.79%,出口额大致呈稳定增长趋势,特别是 2018—2019 年增长剧烈,从 12.30 亿美元上升到 25.05 亿美元,增长了一倍之多;后面是第 06 章"糖、糖制品及蜂蜜"和第 07 章"咖啡、茶、可可粉及香料",出口额占比分别为 7.33% 和 5.13%,特别的是,第 06 章农产品占比在 1996 年达到最大,出口额占比高达 34.29%,而第 07 章农产品出口额占比均低于 10%;第 09 章"混合食物制品"、第 03 章"鱼及鱼制品"以及第 00 章"活动物"出口额平均占比相对较低,1995—2019 年平均占第 0 类农产品出口额的比重分别仅为 2.0%、1.06% 和 1.12%(图 3 - 8)。

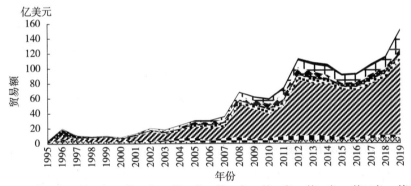

图 3 - 8　乌克兰第 0 类农产品出口结构

数据来源:联合国商品贸易数据库(UN Comtrade Database)。

1995—2019 年第 1 类农产品"饮料及烟类"出口额大致呈现波动性上升趋势,近年来上升趋势明显,2019 年该类农产品出口额为 9.94 亿美元,25 年间平均年出口额为 4.15 亿美元。其中,第 11 章"饮料"出口额占第 1 类农产品出口总额比重平均为 58.09%,其出口额大致呈"几"字形波动变化,至2019 年该类农产品出口额为 1.51 亿美元;第 12 章"烟草及烟草制品"出口额在第 1 类农产品出口额中平均占比为 41.91%,2019 年出口额急剧上升,达8.43 亿美元,占当年第 1 类农产品出口总额的 84.81%(图 3 - 9)。

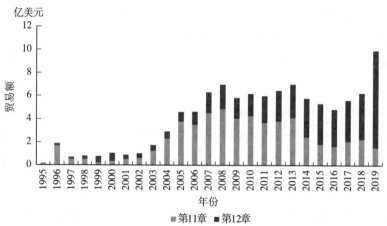

图 3-9　乌克兰第 1 类农产品出口结构

数据来源：联合国商品贸易数据库（UN Comtrade Database）。

1995—2019 年第 2 类农产品出口额总体呈现在波动中不断上升趋势，年平均出口额为 15.15 亿美元。1995—2008 年增长趋势较为明显，无较大波动，其出口额由 1995 年的 2.40 亿美元增长至 2008 年的 22.59 亿美元，扩大了约 9 倍，年平均增长率为 18.82%。2008 年之后由于受全球经济低迷的影响，该类农产品出口额有所波动，2009—2019 年出口额大致呈 W 形变动，至 2019 年其出口额达到最大，为 37.96 亿美元。其中，第 22 章"含油种子及油质水果"出口额占第 2 类农产品出口总额的比重最大，平均占比为 52.41%，1995—2019 年其出口总额总体呈现波动性上升趋势，2006 年之后该类农产品出口额急剧上升，至 2019 年高达 27.25 亿美元，较 2006 年扩大了近 8 倍；占比排名第二的为第 24 章"软木及木材"，该类农产品出口额所占比重总体呈现先增后减趋势，平均占比为 33.00%，2002—2006 年平均占比为 55.23%；其后是第 21 章"生皮及皮革"和 29 章"未加工动植物原料"，其出口额平均占比分别为 4.02% 和 7.66%，不同的是，第 21 章农产品出口额下降幅度较大，1995—2006 年出口额从 1.14 亿美元下降到 0.11 亿美元，年均降幅为 19.15%，至 2019 年其出口额为 0.19 亿美元，而第 29 章农产品则大体呈波动性上升趋势，1995—2014 年上升趋势较为明显，其出口额从 0.06 亿美元上升至 1.51 亿美元，年均增幅为 18.50%，截至 2019 年，该类农产品出口额为 1.17 亿美元；排名第五的是第 26 章"纺织纤维"，其出口额约占第 2 类农产品出口总额的 2.4%，1995—1999 年该类农产品出口额大幅下降，年均降幅为 36.16%，2011 年出口额最低，为 0.023 亿美元，2011—2019 年其出口额稳定上升，至

2019 年达 0.27 亿美元；第 25 章"纸浆与废纸"和第 23 章"天然橡胶"出口额较小且出口额占比均低于 1%，这两类农产品 1995—2019 年出口额平均占比分别为 0.28% 和 0.23%（图 3-10）。

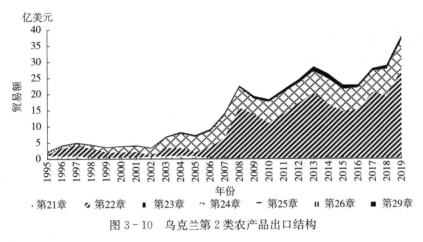

图 3-10　乌克兰第 2 类农产品出口结构

数据来源：联合国商品贸易数据库（UN Comtrade Database）。

1995—2019 年第 4 类农产品"动植物油脂及蜡"出口额总体呈上升趋势，特别是 2005—2012 年上升幅度较大，从 2005 年的 5.14 亿美元上升至 2012 年的 40.90 亿美元，年均增幅高达 34.49%，截至 2019 年，达 44.06 亿美元，25 年间年平均出口额为 18.68 亿美元。其中，出口额占比最大的农产品为第 42 章"固态植物油脂"，其出口额占第 4 类农产品出口总额比重平均为 98.07%；其次为第 43 章"加工后的动植物油脂类"，其出口额在第 4 类农产品中所占比重为 1.58%；第 41 章"动物油脂"所占比重较小，平均占比仅为 0.35%（图 3-11）。

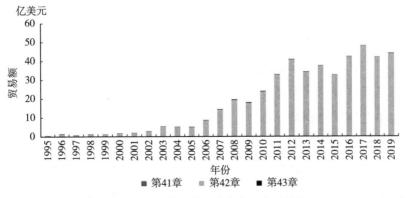

图 3-11　乌克兰第 4 类农产品出口结构

数据来源：联合国商品贸易数据库（UN Comtrade Database）。

第三节 市场结构

总体来看，乌克兰农产品市场分布较为广泛，主要集中在欧亚地区。其中，进口市场主要分布在俄罗斯和波兰，2019 年乌克兰进口两国农产品分别为 14.28 亿美元和 7.52 亿美元，占总进口额的 19.84％和 10.46％；乌克兰出口最大的市场为中国，2019 年出口额达 41.75 亿美元，占总出口额的 14.08％，由此可见乌克兰的农产品出口对中国有较强的依赖性。

一、进口市场结构

2019 年第 0 类农产品"食品及活动物"进口市场主要集中在亚洲和欧洲，进口市场排名前五的国家分别是波兰、俄罗斯、德国、荷兰和土耳其；第 1 类农产品"饮料及烟类"进口市场主要集中在欧洲，进口市场排名前五的国家分别是意大利、俄罗斯、德国、格鲁吉亚和比利时；第 2 类农产品"除燃料外的非食用未加工材料"进口市场主要是欧洲和美洲，进口市场排名前五的国家分别是俄罗斯、波兰、美国、荷兰和德国；第 4 类农产品"动植物油脂及蜡"的进口市场则主要是亚洲和欧洲，进口市场排名前五的国家分别是印度尼西亚、马来西亚、俄罗斯、波兰和德国。总体上看，俄罗斯和波兰是乌克兰主要的农产品进口来源国（表 3－2）。

二、出口市场结构

2019 年乌克兰第 0 类农产品"食品及活动物"出口市场主要集中在欧洲和亚洲地区，出口市场排名前五的国家分别是中国、埃及、西班牙、荷兰和土耳其；第 1 类农产品"饮料及烟类"出口市场主要集中在亚洲和欧洲，出口市场排名前五的国家分别是日本、埃及、格鲁吉亚、阿塞拜疆和摩尔多瓦；第 2 类农产品"除燃料外的非食用未加工材料"出口市场集中在亚洲和欧洲，出口市场排名前五的国家分别是中国、俄罗斯、波兰、德国和土耳其；第 4 类农产品"动植物油脂及蜡"的出口市场集中在印度、中国、荷兰、西班牙和意大利。总体来看，乌克兰的出口市场主要集中在亚洲和欧洲（表 3－3）。

表 3-2　2019 年乌克兰农产品主要进口市场

第0类			第1类		
国家或地区	进口额（亿美元）	进口份额（%）	国家或地区	进口额（亿美元）	进口份额（%）
波兰	5.76	14.17	意大利	1.98	23.05
俄罗斯	5.53	13.61	俄罗斯	1.15	13.30
德国	2.65	6.53	德国	0.83	9.69
荷兰	2.36	5.82	格鲁吉亚	0.79	9.24
土耳其	2.35	5.78	比利时	0.43	5.05
第2类			第4类		
国家或地区	进口额（亿美元）	进口份额（%）	国家或地区	进口额（亿美元）	进口份额（%）
俄罗斯	7.32	36.72	印度尼西亚	1.47	52.95
波兰	1.21	6.09	马来西亚	0.36	12.86
美国	1.02	5.14	俄罗斯	0.28	9.97
荷兰	0.87	4.38	波兰	0.28	9.94
德国	0.81	4.05	德国	0.06	2.17

数据来源：联合国商品贸易数据库（UN Comtrade）。

表 3-3　2019 年乌克兰农产品主要出口市场

第0类			第1类		
国家或地区	进口额（亿美元）	进口份额（%）	国家或地区	进口额（亿美元）	进口份额（%）
中国	16.14	11.17%	日本	4.26	42.83
埃及	14.95	10.35	埃及	1.00	10.05
西班牙	10.49	7.26	格鲁吉亚	0.98	9.83
荷兰	10.37	7.18	阿塞拜疆	0.93	9.38
土耳其	10.15	7.03	摩尔多瓦	0.58	5.85
第2类			第4类		
国家或地区	进口额（亿美元）	进口份额（%）	国家或地区	进口额（万美元）	进口份额（%）
中国	17.49	17.89	印度	15.52	34.95
俄罗斯	8.92	9.12	中国	8.07	18.16
波兰	7.48	7.66	荷兰	3.33	7.50
德国	7.02	7.18	西班牙	3.25	7.31
土耳其	6.43	6.58	意大利	2.88	6.48

数据来源：联合国商品贸易数据库（UN Comtrade）。

本章分别从贸易规模、产品结构和市场结构三个方面详细分析了 1995—

2019 年乌克兰农产品国际贸易情况。贸易规模方面，1995—2019 年乌克兰农产品对外贸易总额总体呈现波动性上升趋势，贸易规模不断扩大，截至 2019 年为 305.03 亿美元，其中农产品进口达 61.19 亿美元，农产品出口达 243.84 亿美元。产品结构方面，乌克兰农产品类别大致可分为四类：第 0 类农产品"食品及活动物"、第 1 类农产品"饮料及烟类"、第 2 类农产品"除燃料外的非食用未加工材料"和第 4 类农产品"动植物油脂及蜡"。进口农产品中占比最大的是第 0 类农产品"食品及活动物"，平均达 63.88%，其次为第 2 类农产品"除燃料外的非食用未加工材料"和第 1 类农产品"饮料及烟类"，平均占比分别为 15.25% 和 15.07%，占比最小的是第 4 类农产品"动植物油脂及蜡"，平均占比为 5.79%；出口农产品中占比最大的是第 0 类农产品"食品及活动物"，平均占比达 60.23%，其次为第 2 类农产品"除燃料外的非食用未加工材料"和第 4 类农产品"动植物油脂及蜡"，平均占比分别为 18.87% 和 15.82%，占比最小的为第 1 类农产品"饮料及烟类"，该类农产品出口额占比平均为 5.08%。

第四章 CHAPTER 4
乌克兰农业发展及其管理 ▶▶▶

第一节 农业发展历程

农业发展可划分为两个阶段：20 世纪 90 年代农业处于低迷下降期；21 世纪以来农业进入恢复期，农业经济有所好转，局部地区还有出口能力。

第一阶段：变革期（1992—1999 年）。从 1991 年至 1995 年，农业生产部门的规模缩减了 34.9%，缩减的主要原因是有支付能力的居民需求下降，1996 年居民的实际工资水平只有 1990 年的 35%，由此导致对食品消费需求急剧减少（杜漪，1999）。1992 年初政府推行"价格自由化"，放开了农牧产品的价格，鼓励农民直接进入市场，开始建立以市场为导向的农村经济体制。1994 年又颁布《土地法》，分两步进行土地所有制的变革。第一步，把所有国有土地分成股份，分给居住在农村的人民，实行土地私有制，全国大约有 600 万农村人口领到了土地证书；第二步，进一步立法规定："法人和自然人将获得土地所有权，不仅可以出租土地或土地股份，而且可以出售和收买土地。"政府鼓励得到土地的农民建立美国式的"家庭农场"，到 2000 年底，全国已建成家庭农场 35 000 多个，建农场的居民户数约占农村居民总户数的 20%。在孕育农村市场的同时，一批经营农牧产品加工和销售的企业、商贩应运而生，顶替了原有的"农工商综合体"，迅速占领了农村市场。

第二阶段：恢复发展期（2000 年至今）。虽然 21 世纪以来农业经济有所好转，2000 年全国粮食产量恢复到 3 514 万吨，局部地区还有出口能力，但远未恢复到 20 世纪 80 年代中期的 5 000 万吨的产量水平（吴天锡，2004）。21 世纪初期国民经济连续 7 年增长，农业也持续增长，2008 年种植业与畜牧业总产值为 2 015.64 亿格里夫纳（72.59 亿美元）。受 2008—2009 年国际金融危机的影响，种植业和畜牧业产值出现了小幅度下降。之后开始恢复正向增长，2017 年上升为 6 255.85 亿格里夫纳（225.28 亿美元）。种植业产量在十年内实现了 3.5 倍增长，产值也实现了 2 倍增长（聂凤英、曲春红，2018）。

第二节　农业发展现状

乌克兰农业主要由种植业和畜牧业组成，农业总产值占 GDP 的 34%，2018 年种植业产值占农业总产值的 73.7%，畜牧业产值占农业总产值的 26.3%。乌克兰 29% 的人口从事农业生产，主要农作物包括谷类粮食、油料作物、糖类作物和土豆等。在过去几年里，新出现了大约 1.4 万个新农场，与原有的 3.7 万个农业企业一起，完成了大约 70% 的农产品生产，大量种植着谷物、玉米、甜菜、向日葵等农作物。

一、农业发展概况

乌克兰农业主要由种植业和畜牧业组成，2018 年种植业产值约占农业总产值的 73.7%，畜牧业产值约占农业总产值的 26.3%（图 4-1）。种植业方面，多年来农作物产量平均可达其国内需求量的 1.5～2 倍，除自给自足以外，还向欧盟、亚洲、北非地区出口。2019 年谷类粮食产量为 7 444.21 万吨，同比增长 5.58%。收获小麦 2 837 万吨、玉米 3 588 万吨、甜菜 1 020 万吨、葵花籽 1 525 万吨、大豆 370 万吨。畜牧业方面，畜牧业发展长期低迷，占农业总产值的比重不足 30%。政府取消行业财政补贴后，生产成本增长，利润水平降低。饲料作物种植面积只占耕地面积的 7.1%。牛存栏数过去 10 年下降 85.7%，75% 的奶牛由农户饲养，74% 的羊由农户饲养，近 10 年行业亏损超过 70%。

20 世纪 90 年代以来农业增加值总体呈先下降后波动上升的趋势，农业增加值年增长率平均为 1.01%。1992—1996 年农业增加值不断下降，

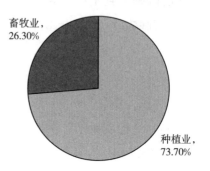

图 4-1　2018 年乌克兰农业生产结构

数据来源：《乌克兰国家年鉴 2018》。

由 154.19 亿美元下降至 54.49 亿美元，降幅达 64.66%；1997 年短暂上升后
继续下降，1999 年下降至 37.5 亿美元，为 20 世纪 90 年代以来最低水平；
2000—2008 年农业增加值不断增加，从 45.3 亿美元增加至 123.31 亿美元；
2008 年后农业增加值呈 N 形变化，2019 年农业增加值为 138.54 亿美元
（图 4 - 2）。

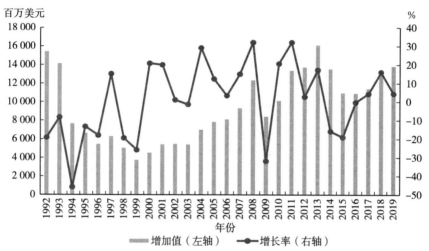

图 4 - 2　1992—2019 年乌克兰农业增加值与增长率变化

数据来源：世界银行数据库。

　　1992—2016 年作物生产指数①总体呈上升趋势。20 世纪 90 年代初期作物
生产指数下降，由 1992 年的 98.86 下降至 1999 年的 62.79；21 世纪以来持续
上升，其中 2000—2007 年缓慢上升，2007 年为 89.15，2007 年以后作物生产
指数在波动中增长，至 2016 年作物生产指数为 192.24，世界排名第九。农作
物生产指数世界排名前八的国家分别是蒙古、老挝、尼日尔、柬埔寨、安哥
拉、立陶宛、塞拉利昂、马里，分别为 258.4、241.1、235.7、210.8、208.7、
199.9、196.2、193.4。1992—2016 年畜牧业生产指数呈先下降后基本平稳趋
势，20 世纪 90 年代初期畜牧业生产指数持续下降，由 1992 年的 166.24 下降
至 1998 年的 96.78；1999 年后基本平稳，至 2016 年畜牧业生产指数为 97.46，
世界排名 169（图 4 - 3）。

---

　　① 作物生产指数反映一个国家在某个时间段内作物生产情况，以基本周期 2004—2006 年为标准，畜
牧业生产指数反映一个国家在某个时间段内畜牧业情况，以基本周期 2001—2004 年为标准。

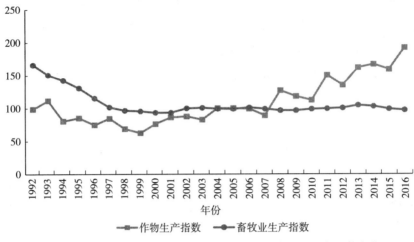

图 4-3　1992—2016 年乌克兰作物生产指数及畜牧业生产指数变化

数据来源：世界银行数据库。

二、农业发展特点

（一）农业资源丰富

乌克兰农业资源丰富，具有天然的农业优势，拥有肥沃的黑土地，是世界上面积最大的黑土地分布区，有土地资源广、土壤肥沃、水源充足等绝对优势。得天独厚的农业生产条件使其成为世界上少数几个既能够充分满足国内需求又能大量出口农产品的国家之一。地广人稀，人均耕地面积大，但其耕地利用率低，复种指数仅为 0.6，在北部和南部有大面积闲置土地。

（二）食品加工业发展迅速

近年来整个食品加工业生产规模不断扩大，产品质量不断提高，不论是食品外形还是包装都得到了较大改善。食品加工业劳动人口约占全国劳动人口的 12.8%，产品超过 3 000 种，食品企业数目越来越多，各州都有自己的面包厂、乳制品厂，制糖业在 19 个州都十分发达。食品业的发展主要包括葵花籽油、各种葡萄酒和蜂蜜的生产，还有一些专门从事水果和蔬菜罐头制造的食品企业。

（三）物流基础设施落后

物流运输体系不完善，不能保障出口运力，同时缺少政府补贴，农业企业获信贷难，资金不足成为农业发展瓶颈。虽然拥有众多优良港口，但这些港口的运输设施主要是基于 20 世纪 90 年代粮食进口贸易而修建的，到 21 世纪初期，乌克兰由粮食进口国转变成粮食出口国时，这些港口的运输设施无法满足谷物出口增长的需要。铁路运输设施落后也是制约谷物运输的一个主要瓶颈，尤其是临近主要谷物出口港的铁路货运站运力水平低，并且通往这些港口的铁路很少。

（四）畜牧业发展缓慢

乌克兰位于世界级的黄金牧场带，全年降水较为平均，多年生牧草长势较好，给发展畜牧业带来了得天独厚的自然条件。畜牧业主要品种包括肉牛、奶牛、绵羊、山羊、猪、家禽等，但近年来发展较为缓慢，产值在农业中的份额从 2000 年的近 50％下降到 2018 年的 26％，肉牛、奶牛、绵羊、山羊、猪等存栏量都有不同程度的下降（聂凤英、曲春红，2018）。畜牧业投资大、投资周期长、技术要求高，具有现代化管理水平的畜牧技术人员缺乏是制约其畜牧业崛起的重要因素。

第三节　农业管理体系

一、公共管理体系

公共管理体系主要由政府部门、工会和非政府组织组成。政府由 12 个部门组成，包括经济发展、贸易和农业部、地区发展建设和住房公共事业部、内务部、能源部与生态部、外交部、教育和科学部、卫生部、社会政策部、基础设施部、财政部、司法部、文化、青年和体育部。其中，教育和科学部负责制定国家教育、科学和干部职业培训法规，制定教育发展纲要、国家教育标准和教育工作的具体政策，统筹全国教育工作。经济发展、贸易和农业部是国家宏观经济调控、对外贸易主管部门，负责制定和执行对外贸易的政策，并就具体政策协调与各部门间的联系。

乌克兰工会联合会是其最大的工会组织，下属 44 个全国性产业工会和 26 个州级工会组织，拥有会员超过 1 000 万人，组织遍布全国，其活动对国家政治、经济和社会运行各个领域都具有重要影响。该组织依据工会章程和行动纲领开展工作，主要职责是维护和争取劳工权益，协调政府、雇主和劳工之间的关系。

乌克兰工商会是根据其宪法成立的非政府组织，在全国 27 个州（市）设有分支机构。其宗旨是联合各地区工商会，促进经济发展和参与世界经济一体化，促进企业与外国企业之间的经贸联系和往来。

二、农业职能部门

经济发展、贸易和农业部主要职责是在经济、贸易和农业领域制定和实施国家政策，还负责执行有关发展企业家精神的国家政策，调节价格政策、公共采购、旅游业和军事工业综合体发展等职能。该部建立了战略规划和宏观经济预测部门，包括农村发展局、农业发展局、卫生和植物检疫国家政策局、土地政策部等独立机构，制定国家农业政策，促进农村农业发展。

（一）农村发展局

农村发展局由农村企业家发展专家组、农村发展方案制定专家组、质量政策专家组以及农村发展政策实施部门等部门组成，具体职责包括：

（1）制定和实施农村地区、农村地区企业家精神发展、农业合作、农业咨询活动、有机产品生产和流通等领域的国家政策。

（2）制定和实施农村地区综合发展方案。

（3）参与制定和实施农村公共政策。

（4）参与执行国家区域政策以及劳务移民和劳资关系等领域的国家政策。

（5）参与分析农业生产领域活动，确定重点战略。

（6）加强技术在农业生产中的应用，促进农工综合体机械工程、节约能源与协调创新项目的发展。

（7）对专家、科教人员和工作人员进行培训、高级培训和再培训。

（8）参与执行与国际组织技术援助方面的合作。

（9）为企业提供农业生产、农业合作领域的支持。

（10）参与国际和区域组织在食品、农业等领域标准化建设的工作。

（11）出版和分发国际和区域组织在食品、农业等领域标准化建设的行业法规、文件。

（12）执行农业及有机产品领域的技术法规。

（13）制定国家标准清单，并以此为依据推定产品、相关工艺和生产方法是否符合技术法规的要求。

（14）制定农产品、食品的规格要求及批准程序。

（15）识别和控制地理标志农产品的特殊质量或其他特征。

（16）监测农村地区社会基础设施的提供情况。

（17）确保中央和地方行政机构与外国开展双边经济合作，促进中小企业协会发展。

（18）参与筹备有关经济问题的会议、专题讨论会、研讨会、国际和国家展览等活动，并负责此类活动的信息咨询工作。

（19）在其职权范围内参与制定法律草案和其他法规。

（20）行使法律规定的其他权力。

（二）农业发展局

农业发展局由粮食安全专家组、促进农业产业发展的专家组、农工综合体的主要分析支持部门等组成，具体职责包括：

（1）参与制定和实施国家农业政策、食品和加工业领域的国家政策以及国家粮食安全政策。

（2）参与制定和实施预算、税收、保险、金融和信贷等方面的国家农业政策。

（3）制定和执行国家目标、发展农业生产部门计划、农村地区综合发展、改善农工综合体的管理制度。

（4）为农业部门发展的优先领域、战略和机制编写建议。

（5）与经济发展、贸易和农业部其他三个机构一起，提供农业部门发展的战略规划和预测。

（6）根据经济分析结果、农业部门经济发展趋势以及农产品和食品的市场状况，编写相关建议。

（7）计算和监测食品安全指标。

（8）确保在监督农产品和食品的外部和内部市场、研究某些农产品和食品的市场情况的权限内，建立和维护农产品批发市场活动信息支持系统，实现对农产品批发市场活动的控制。

（9）参与制定和实施国家对农产品和食品市场进行监管的措施，建立国家干预基金，监督其形成和使用。

（10）保障主要农产品供求平衡，监测区域内消费市场的变动情况。

（11）参与制定刺激粮食生产者的经济措施，满足人口对粮食的需求，并使粮食市场供应充足。

（12）参与制定旨在改善经济活动、保护国内农产品生产者在国外市场上的利益以及国内发展的措施。

（13）在职权范围内，资助和协调国家研究工作，协助引入现代发展成果和先进经验。

（14）参与监管农业市场，实施金融和商品干预措施。

（15）参与计划和实施措施以增加农业部门的出口潜力并增加农产品和粮食的出口。

（16）参与制定和实施农业部门国家投资政策。

（17）参加组织农业部门的展览和活动。

（18）参与制定和协调其权限范围内有关问题的法规草案。

（19）行使法律规定的其他权力。

（三）卫生和植物检疫国家政策局

卫生和植物检疫国家政策局主要任务是执行国家食品和消费者服务局在兽药和食品安全领域的权力，具体职责包括：

（1）确保在国家边界实施国家控制，确保进口到乌克兰海关区域的食品、饲料和动物副产品符合相关法律规定。

（2）对进口到乌克兰海关地区的货物进行文件检查，包括检查国际证书是否符合法规要求。

（3）对进口到乌克兰海关区域的货物进行符合性检查、实物检查，对不符合法律规定的货物，做出扣留货物的决定。

（4）经国家食品和消费者服务局批准，确保对进口到乌克兰海关地区的货物进行定期检查。

（5）向海关当局提供执行海关手续所需的信息，包括使用单一国家信息门户网站"国际贸易单一窗口"。

（6）实施兽医和卫生措施，以保护领土免受来自其他国家领土或检疫区动物病原体的入侵。

（7）确保对有可能引入动物病原体的高风险区域车辆进行消毒。

（8）对商品进行广泛和选择性的兽医和卫生控制。

（9）对货物进行边境兽医和卫生标准控制。

（10）确保将国际证书原件和法律要求的其他文件以及一般进口兽医文件的副本存放在指定边境检查站。

（11）确保进口和兽医相关法律文件的依法执行。

（12）根据国家兽医和卫生控制与监督的法律规定，限制、禁止或终止可能对人类和动物健康或生命造成直接威胁的商品在国内流通。

（13）向国家食品和消费者服务局通报所有发现病畜以及因传染病死亡的动物的情况。

（14）在乌克兰国境上安排指定边境检查站。

（15）行使法律规定的其他权力。

（四）土地政策部

土地政策部由农业和作物生产管理、种子生产管理和植物品种权保护、园艺与葡萄栽培、畜牧业和饲养管理、土地关系管理、农业和粮食市场基础设施发展等部门组成。主要任务包括制定和实施国家农业和粮食安全政策，保护植物种植品种、牲畜的权利，在法律规定的权力范围内识别和登记动物；制定和实施勘测测绘活动、土地关系、土地管理、国家土地地籍、农工综合体国家监督（控制）等领域的国家政策，确保所有类型、所有形式的土地使用遵守相关法规。具体职责包括：

（1）监测粮食安全指标。

（2）拟定建议书以确定在农业生产部门中对中小企业的支持重点和类型。

（3）制定和执行可持续农业发展目标使农业生产适应气候变化，并防止农业生产对环境产生有害影响。

（4）实施土地管理以及制定和执行关于土地管理、土壤肥力再生产的国家和区域方案，制定、批准、核查、审查、修订、废除土地管理和土地保护标准。

（5）实施土壤环境监测。

（6）促进植物知识产权的运作和发展，与国际组织、商业实体、外国个人和法人实体建立保护植物权利的合作。

（7）管理农业土地土壤状况数据库以及植物品种相关注册簿和登记簿。

（8）颁发植物品种专利、植物品种国家注册证书和植物品种著作权证书。

（9）审查植物品种申请，对国家植物新品种权保护制度相关专家进行培训和高级培训。

（10）维护国家动物统一登记簿的程序。

（11）行使法律规定的其他权力。

本章从发展历程、发展现状和农业管理体系等 3 方面对乌克兰农业发展及其管理进行总结。发展历程方面，乌克兰农业发展可分为两个阶段：激烈变革期、恢复发展期。发展现状方面，乌克兰农业主要由种植业和畜牧业组成，2018 年种植业产值约占农业总产值的 73.7%，畜牧业产值约占农业总产值的 26.3%，具有农业资源丰富、食品加工业发展迅速、物流基础设施落后、畜牧业发展缓慢等特点。农业管理体系方面，公共管理体系主要由政府部门、工会和非政府组织组成，其中政府由 12 个部门组成，最大的工会组织是乌克兰工会联合会，乌克兰工商会是根据其宪法成立的非政府组织；经济发展、贸易和农业部包括农村发展局、农业发展局、卫生和植物检疫国家政策局、土地政策部等独立机构。

第五章 CHAPTER 5
乌克兰农业政策 ▶▶▶

农业政策旨在提高农业经济部门的效率，解决农村人口的社会问题并确保农村地区的可持续综合发展。由于农业的特殊性，生产和供应受气候及其他诸多条件的影响，波动大且具有明显的周期性，粮食价格缺乏弹性，生产者的地域分散性和多样性等因素限制着农业的发展。农业政策则在调节农村生产关系、为市场关系创造有利条件、中和或减少许多机制的负面影响、自觉运用农业经济规律、维护农民整体的长远利益等方面发挥作用。本章主要从乌克兰的农业政策概述、农业税收政策、农业支持政策、农业土地政策、农业资源保护政策和农业保险政策等六个方面来详细介绍乌克兰的农业政策体系。

第一节 农业政策概述

为解决一系列与农业生产有关的问题，政府提出了各项政策措施。乌克兰农业政策设定了一套执行原则来保障农业政策的顺利实施，并针对影响政策实施的主要因素提出相应的解决措施，确立农业政策的主要目标及主要优先事项，以提高农业经济部门的效率，解决农村人口的社会问题并确保农村地区的可持续综合发展。本节主要从农业政策的执行原则、主要影响因素、主要目标及主要优先事项等四个方面来介绍乌克兰的农业政策。

一、执行原则

在执行农业政策任务时，需通过遵守以下原则来保障农业政策的顺利实施：

（1）国家特色和利益优先原则。主要是在建立市场经济时，不应盲目照搬任何国家的农业市场模式。

（2）不同所有权形式的运作采用相同方法的原则。在农业经济中，农业生产系统中所有制形式的存在及其平等性源于竞争机制，竞争机制揭示了各种管理形式的效率、资源的合理配置、市场价格的形成、生产成本的减少、向新产品的生产过渡。

（3）以市场为基础的农业经济发展原则。即使是最有能力的专业团队，通过中央计划进行有效的资源分配也是一项艰巨的任务，计划者需要信息来决定如何最好地分配一个国家的可用经济资源。

（4）市场机制与政府管制相结合的原则。没有国家的干预，就难以建立明确的监管机制，任何形式的所有权和管理的运作结果意义也将是微不足道的。

（5）社会正义与社会责任原则。需保护农民利益，维持其地位，考虑其工作和生活条件，进行土地改造。

二、主要影响因素

在制定农业政策的过程中，受到许多因素的影响，主要包括农业部门在社会中的地位和作用、周期性出现或持续存在的问题、重大的发展变化等。总体上，农业政策由某些结构性要素组成：农业、农工、粮食和外国经济，这些对象可以在逻辑上组合为"农产品、原材料和产品市场"。在市场关系参与者群体中，国家发挥着重要作用，影响着市场状况，国家既可以支持优先产业和农业生产（如影响价格水平和生产者的收入），也可以支持加工（补贴购买价格）或消费（设定较低的消费者价格）。农业政策的主要对象通常是农业生产者；农业政策的主体包括制定和实施农业政策或影响其发展的国家公共机构。

国家立法和行政权力的最高官方机构做政策决定，并监督决策的执行。国家监管并非旨在取代市场机制，而是为有效开发同时充当市场参与者的监管对象创造条件。根据政治活动的程度，非国家农业政策参与者可以分为三大类：政党、社会政治组织和公共组织。与此同时，农业政策的制定应在科学研究的基础上进行。

三、主要目标

由于农业的特殊性质，市场管理机制不能确保其顺利发展，而农业政策的目的就是为市场关系创造有利条件，中和或减少许多机制的负面影响，扩大农业再生产。制定农业政策具有以下主要目标：

（1）组织和经济方面。与其他经济部门形成同等的部门间关系；国家对农业工业生产的监管，旨在提高生产效率，掌握科学技术进步的成果，增加农业生产者的收入；促进农业纵向和横向一体化发展；简化公共行政职能及其划界；形成土地关系体系，提高土地利用效率，并保留直接用于农业生产的土地所有权。

（2）农业投资方面。为投资活动创造有利的经济条件，如发展租赁、中期商业信贷支持、投资计划和项目的实施；有效的折旧政策。

（3）农业技术创新方面。支持基础的和特别重要的应用农业科学；在农工综合体中开发信息系统。

（4）农业部门方面。提升粮食生产的可持续性，将其作为发展农业的必要条件，这是确保该国粮食安全的一种手段；通过恢复和增加畜禽产品的生产来解决蛋白质匮乏问题。

（5）农村发展方面。农业生产者收入的增长，解决了很大一部分农村人口的贫困问题；通过创造新的和现有的现代化工作来减少农村地区的失业率，这将提供确保高水平生活的收入；奉行有目的和有效的青年政策，使农业工作和农村地区的生活都具有吸引力；恢复和进一步发展农村地区的社会基础设施。

农业政策的另一个重要目标，是确保在国内或某些条件下在世界市场上销售农产品的竞争力，为农业劳动力的高收益创造条件；农业劳动力的收益或工资在很大程度上决定了其是否从事农业生产工作。

四、主要优先事项

"农业政策优先事项"意味着减少目标和完善已选定目标，并通过相关指标阐述其特征。乌克兰最高国家农业政策的主要优先事项在《关于至 2015 年期间国家农业政策的基本原则》法律中定义，主要包括：

（1）确保农业生产通过国家组织和法律措施获得预付资本包括不低于国家经济平均水平的土地资源成本。

（2）为实施和保护农民的土地权，建立市场土地关系，为保护土地创造条件；国家对使用开垦土地的农业生产者的支持，特别是对用于维护农田开垦系统和支付灌溉用水期间的用电费用的支持。

（3）加强对农村人口的社会保护，建立不低于国家经济平均水平的农业工人的工资和养老金制度。

（4）为农业部门各种组织和法律形式的运作创造平等条件，有助于协调所有者和雇员的利益。

（5）制定和执行国家和地区农村综合发展方案，改善国家对企业发展的支持，以解决农村人口的就业问题；为培养农村地区农业、教育、文化、保健和消费者服务方面的人才创造条件。

（6）国家在合作和一体化的基础上支持发展竞争性农业生产；改善公共行政系统，将农业领域的国家政策与区域政策有效结合起来。

（7）引入现代机制和方法，以形成农产品、食品、资本，包括生产资源和劳动力的透明市场。

（8）通过将国家资源集中在优先发展领域，形成优惠的价格、金融和信贷、保险、税收和预算政策，确保合理的行业内部和部门间经济关系，对农业部门实体提供国家支持。

（9）为实现经济中农业部门的出口潜力创造有利条件。

（10）国家支持对农业部门的专家进行培训、再培训和高级培训。

第二节　农业税收政策

税收政策是国家财政政策的重要组成部分，对保障国家利益、解决社会问题具有重要意义。随着乌克兰政治、经济形势不断变化，政府调整本国税种和税率，在进出口方面，根据商品种类和贸易国的不同而划分了多档税率，同时通过有利的税收制度发展农业，建立了对农业生产者有效的税收支持体系。本节主要从关税政策和农业企业税收两方面来介绍乌克兰的农业税收政策。

一、关税政策

乌克兰海关关税以国际公认标准为基础，并朝最大限度地符合国际惯例公认的海关事务原则和规则方向发展。无论其所有制形式、经营活动组织形式及其所在地如何，关税税率对于所有的对外经济活动主体具有一致性，但法律和签订的国际条约另有约定的除外。乌克兰海关关税由其政府提交议会批准。

（一）关税税率

受关税细则的约束，目前乌克兰平均关税水平已降至 6.1%，其中农产品平均关税水平降至 10.8%。此外，部分单项产品，如化工品、木材、纺织品、药品、家具等进口关税为零。自加入世界贸易组织（WTO）之后，其进口关税税率均在议会网站公布。

最惠国（MFN）税率略低于以上平均税率水平，农产品税率为 9.6%。除糖（50% 税率）和葵花籽油（30% 税率）外，其他农产品的最惠国从价税率不会超过 20%。原蔗糖的进口量受最惠国关税配额规制，每年仅限 26.78 万吨。

（二）进口关税

在进口方面，海关进口关税实行差别税。从商品种类来看，对于依赖进口的商品实行零税率；对于本国生产能力不足的商品征收 2%~5% 的关税；对于本国产量较大，基本可以满足需求的商品征收 10% 以上的进口税；对于本国产量高并大量出口的商品征收高关税，如食用植物油的进口关税为 40%。目前乌克兰大部分商品的进口税率为 20%~30%。

从商品来源看，《统一关税税率法》将进口关税的征税税率分为三类：

（1）普惠税率（25% 税率）。来源于与乌克兰签订海关协定或国际协议、相互提供普惠待遇的国家和地区的进口商品，根据协议的具体条款实行普惠税率。

（2）优惠税率（50% 税率）。来源于相互提供最惠国待遇国家的进口商品。

（3）整税率。来源于自然人进口商品和尚未与乌克兰签署自由贸易协定、特惠经济贸易协议国家的进口商品。

其中，乌克兰与12个国家签署了自由贸易协议，使用25％的税率，与55个国家签署了普惠制和互惠制贸易协定，使用50％的税率。中国被列入享受优惠关税税率（50％）国家行列，来源于中国的商品只需具备以下条件就能享受关税优惠：商品直接从中国进口、生产者为在中国注册的企业以及出具FORM-A原产地证书。

（三）出口关税

在出口方面，除牲畜及毛皮制品外，其他农产品免征出口关税，包括配额许可证出口管理商品。乌克兰致力于降低其在活畜、油菜籽等产品出口方面的关税，2024年1月1日起将终止对欧盟贸易中的出口关税。

为保护本国及其生产者的经济利益，作为关税调节手段，乌克兰法律规定可采取其他形式的特殊关税，这种关税单独计征，不受其他关税的限制。目前在该国征收的特殊形式的关税主要包括以下几种：

（1）反倾销关税。当进口商品存在倾销事实并可能对国家生产造成损失或损害时，使用反倾销关税。

（2）补偿关税。进口商品属于进口补贴对象，该补贴可能对本国生产者构成损害时，使用补偿关税。

（3）特别关税。当进口商品的数量和商品进口条件对本国商品生产可能造成威胁或重大损害时，采取特别关税保护本国商品生产者利益；当其他国家、海关同盟或经济团体对乌克兰外贸经营者的权利和利益采取歧视政策或不友好行为时，使用特别关税进行反制。

（四）关税调整

乌克兰参加的海关同盟成员或自由贸易区成员生产的商品及物品，准许按照该国统一海关关税的税率标准，以免征关税、降低关税或规定特惠进口配额等方式提供特惠。

乌克兰与欧盟自由贸易协定（DCFTA）自2016年正式启动，意味着双方将基于可预测、可执行的规则相互开放商品和服务市场，旨在通过逐步降低关税来促进双方之间的商品和服务贸易，同时使乌克兰某些工业和农业产品规定能符合欧盟标准。联系国协定的附件中包含了双方开展贸易的关税规定，每种商品都有进口税的基本税率以及税率减少或消除的过渡期，部分商品关税已经在 2016 年 1 月 1 日后被取消，其余商品处于过渡期。

1. 关税配额和海关监管体系调节关税配额运行情况

自由贸易协定规定了"关税配额制"（TRQ），意味着乌克兰出口商可获得一定的免税出口配额。尽管配额概念表现出的是限制，但这也意味着对该种商品开放市场。TRQ 不会因为超过配额而对产品出口进行限制，其仍然可以出口，只是必须缴纳关税。目前，实行关税配额制的商品共有 36 类。

2. 进入价格

所有来自欧盟以外的水果、蔬菜、天然果汁、葡萄酒均按照统一程序进行清关，产品根据当地市场定价，再根据产品价格计算其他附加关税。

二、农业企业税收

农产品加工业是乌克兰经济的重要组成部分，其在 GDP 中所占的比重很大，该国需为农业发展创造最佳条件，特别是通过有利的税收制度，建立对农业生产者有效的支持体系。

国家对农业企业支持的一种有效形式是采用特殊税收制度。农业企业的税负是由增值税、工资税（个人所得税、军事税、强制性社会保险的一次性缴款）、企业所得税、土地税等组成的。乌克兰现代税制的一个特点是农业企业可以简化税收，实行单一税收制度。

对农业经济部门使用单一税种有其优缺点。一方面可以减轻农业企业的总体税收负担，改善其财务业绩；简化了农业企业的会计核算和报告，减少了耗时的工作流程。另一方面，减少了地方预算的收入；即使公司的活动无利可图，也需要缴纳固定税额；诱发逃税现象；许多企业在保留收支记录时不够严谨，导致报告指标失真。

2015 年是特殊增值税制度全面实施的最后一年，单一税率是 0.45%。2016 年，特别制度受到严格限制，单一税率提高到 0.81%，其结果是该行业的利润率从 41.7% 下降到 32.4%。2017 年，特别税制被完全废除，单一税率提高到 0.95%，导致农业企业的盈利能力进一步下降。不过尽管如此，农业企业的利润率也超过了乌克兰经济的其他部门。

第三节 农业支持政策

　　农业支持政策是政府为确保农业发挥基础作用、使农业的发展与其他产业的发展相适应、推动经济持续协调发展而采取的支持农业的政策措施。乌克兰对农业部门的支持范围不断拓宽,主要通过修订相关法律来调整各类生产补贴,力求在最高支持程度上建立起有效的财政支持机制来发展农村地区,有效提高生产的获利能力,本节主要从生产支持、信贷补贴、农产品价格管制及支持政策的发展等四个方面来介绍乌克兰的农业支持政策。

一、生产支持

　　乌克兰新修订的《国家支持农业法》对农业生产过程中的各类补贴进行了调整。法案规定,农业生产企业建设和改造畜牧农场和牛、猪、禽类（鸡、鸭、火鸡）饲养场、挤奶车间及肉类加工场最高补贴将达到建设费用的50%,此前对获得补贴的畜牧企业规模限制为:牛不低于500头,猪不低于1 200头,禽类不低于100万只。此外,购买用于农业生产的机械和设备、建设农产品生产及存储辅助的企业可以获得的最高补贴达成本的30%。法案解释条款指出,修改法案、删除畜牧企业规模限制的目的在于不仅对大企业,而且对中小企业提供国家支持,使其可以获得生产和改造部分费用的补贴。新法案将促进中小型农业生产者新建或者改造畜牧设施,扩大存栏量并增加高质量畜牧产品产量,也将维持现有就业岗位并创造新的就业岗位,提高居民就业率,改善劳动环境。

　　乌克兰内阁确定了国家预算在"农业生产者的财政支持"计划下的使用机制。使用预算资金的目的是增加农业产量,提高农业生产率,促进农业市场发展并确保粮食安全,预算资金的主要管理者和预算计划的执行者是经济部。该预算资金主要用于国家对畜牧业发展和农产品加工的支持;为农场发展提供财政支持;部分补偿国内生产的农业机械和设备的费用;通过降低贷款成本对农工综合体的措施提供财政支持;为园艺如葡萄栽培等发展提供财政支持;通过有利于被保险人的额外付款机制,向家庭农场提供额外的财政支持,家庭农场的成员或负责人只需缴纳国家强制性社会保险等。

二、信贷补贴

乌克兰对农业生产者的信贷补贴制度主要为补贴银行以国家货币发放的中短期贷款的部分费用（利息）。信贷补贴主要提供给生产国家价格监管对象的农业企业，不提供给粮食抵押收购合同的当事人，最高提供 50% 的贷款补贴，并从贷款本金的应计利息金额中提取，但不超过银行以本国货币提供的银行贷款的加权平均利率的 50%。根据相关期间实际支付的利息金额每季度提供一次补贴给借款人，借款人通过第三方以有利于贷方的任何方式付款，但从贷方那里筹集的贷款利息以及以外币支付的贷款利息均不享受补贴。

（一）中短期贷款补贴

通过信贷补贴获得的贷款使用范围也有规定。短期贷款专用于购买货物（库存），以生产国家价格监管的产品，且此类货物清单由乌克兰内阁确定；中期贷款专用于收购或建设农业用途的固定资产及其资本改良。借款人需在法律规定的期限内每月向土地基金提供有关地区使用补贴贷款的报告，其形式由乌克兰内阁批准，若其未及时提供报告，或其数据显示贷款资金未用于规定范围，信贷补贴的发放将被暂停，直至土地基金实际收到该报告。同时一旦发现借款人滥用资金，在接下来的 30 天之内，借款人则有义务将此类贷款获得的实际信贷补贴金额归还至土地基金的预算账户，并缴纳在贷款补贴使用期限内的罚款。如果借款人不偿还贷款补贴或不支付罚款，则将根据法律规定的收税债务程序对其作经济制裁。

（二）农业用地信贷补贴

乌克兰在 2020 年引入农地流转，土地将由生产能力更强的农民拥有。土地可以用作贷款的抵押品，贷款将投资于其农场的发展，使每个土地所有者都能充分行使其所有权、使用权和处分权，促进国家经济的快速增长，但是，乌克兰信贷成本和可得性仍然是实行土地自由流通的最大障碍之一。为了减轻小型农业生产者在支付贷款利息时的负担并增加其获得银行贷款的机会、降低其成本，政府为农业生产者购买土地的廉价贷款提供了国家支持以降低向银行贷款的风险。

1. 向农业生产者提供贷款优惠

向农业生产者提供贷款价格优惠的前提是，小农生产者贷款的目的是购买农业用地。为获得国家的优惠信贷支持，借款人不得破产或清算，也不得拖欠国家预算，且获得贷款优惠的标准和期限将由乌克兰内阁决定。在该政策框架下，设立购置土地的贷款利率部分补偿和购买土地的贷款部分补偿机制。政策规定，贷款利率的补偿金额不超过乌克兰国家银行的贴现率，自应计利息之日起生效，但不高于贷款协议中规定的金额，并于每月向借款人提供使用该贷款在本期应计和应付的利息补偿，部分补偿将以购买土地的贷款额的百分比计算。如果违反优惠标准，则农业生产者将从发现不遵守情况之时起就失去获得国家支持的权利，并通知债权人银行。

2. 为农业生产者购买土地贷款提供部分担保

小型农业生产者申请贷款用于购买土地，则可为其提供部分担保，担保的数额和条件将由乌克兰内阁另行决定。这一政策旨在为小型农业生产者提供贷款机会，主要适用于没有完整财务报表或可靠信用记录的小型农业生产者。

三、农产品价格管制制度

（一）政府对农产品价格的干预措施和影响手段

乌克兰对部分农产品的价格进行管制，设置最低和最高采购价格，并在必要时采取其他措施以遵守反垄断法规及公平竞争规则。通过国家干预将均衡价格设定为不低于最低购买价格且不高于最高购买价格。在国家价格监管下，单个物品的最低购买价格的确定标准是使乌克兰平均生产损失为零，即不存在无利可图的生产；同时，乌克兰内阁基于该物品在前五个营销期间的平均销售价格，并考虑当年的消费物价指数来相应调整最低购买价格。单个物品的最高购买价格设定使国家价格管制对象生产者的价格指数不可能超过相应期间的消费价格指数。

除了对价格进行管制外，国家不会干预有组织的农产品市场之外的定价过程。同时，乌克兰内阁可使用以下影响手段：

（1）限制批发或零售市场的贸易保证金（折扣）水平。

（2）确定货物加工者和提供农产品存储服务人员的边际利润水平。

（3）将边际售价设定为最高（最低）购买价水平，仅适用于乌克兰反垄断委员会通过的"关于市场参与者是否存在共同行动或保护经济竞争的决定"时期。

(4) 对进出口实行非关税限制（配额）。

（二）农业基金的商品干预措施

为了执行国家职能，启动了新的体制，即农业基金、农业保险补贴基金、农业交易所、票据交换所和其他机构。乌克兰农业基金行使国家在农业领域调节物价的职能，通过实施商品干预措施对农产品市场进行现货监管，确保均衡价格不超过最高购买价格。商品干预措施按以下顺序进行：

(1) 在国家价格监管期间，如果即期或远期的需求价格水平未超过设定的最高购买价格或未超过此水平的5%，一般不进行商品干预。

(2) 如果在此期间需求价格水平按即期或远期计算超过设定的最高购买价5%至20%，农业基金将进行商品干预，其数额足以将均衡价格设定在不超过最高购买价的水平。

(3) 如果需求价格水平按即期或远期计算超过最高买入价水平的20%以上，农业基金将在本次交易期间暂停此类商品的交易。

(4) 在特殊情况下，农业基金也可以执行商品干预。

四、支持政策的发展

乌克兰对农业部门的支持是多方面的。主要是在最高支持程度上建立起有效的财政支持机制来发展农村地区，有效提高生产的获利能力。但近年来，乌克兰对农业的预算支持计划已大大减少：降低保险金的支付；减少向农场提供贷款；以融资租赁的方式对农工综合体提供财政支持；国家对幼果园、葡萄园和浆果田的建立和发展的支持及监督都是最低限度的。在2015年至2016年期间，增值税特别税收制度逐步废除，相反，在2018年，用于支持畜牧业的政府计划的资金大幅增加，且扩大了国家干预基金的国家价格监管对象的存储、加工和出口有关的农业基金支出的融资计划。国家目标计划是国家当局制定的立法行动计划，旨在实现经济或公共生活中的公共政策目标。国家计划涵盖了29个农业企业的活动领域，分为以下几类：

(1) 通过农业基金建立国家粮食储备和在农业部门实施定价政策。

（2）国家对作物生产发展的支持。

（3）国家对畜牧业发展的支持。

（4）国家通过低息贷款和提供保险费的机制支持农工综合企业。

（5）国家对幼果园、葡萄园和浆果田的铺设及其监管。

（6）国家对购置家用农业机械和设备的支持。

（7）国家对农场的支持，包括提供无息贷款、其他类型。

从长远来看，农业部门的平衡发展应包括解决经济、社会和环境问题。乌克兰最有希望的生产方式是发展中小企业，为了使其有效发挥作用，提高竞争力，国家支持已成为客观的必要条件。因此，可以说国家支持计划的主要对象应该是中小型农业生产者、农业服务合作社和合作社协会，它们是农业生产的主体。在这种情况下，农民或合作社成员从自身业务和地域的进一步发展中都能获得个人利益，以此调动其生产积极性，促进农业发展。

第四节　农业土地政策

农业土地政策是政府根据一定时期内的特定目标，在土地资源开发、利用、治理、保护和管理等方面规定的行动准则，旨在处理土地关系中的各种矛盾问题。乌克兰的土地所有权受到法律保护，不同用途的土地其土地所有权的主体不同；农业土地投资主要根据农田租赁协议进行，投资人不同租赁期限也不同；同时设立农业保险补贴基金向农业生产者提供保险补贴。本节主要从土地政策的主要内容、土地流转、农用地投资、土地管理及土地保险补贴等五个方面来介绍乌克兰的农业土地政策。

一、主要内容

（一）政策法规

乌克兰土地法规定，土地所有权受到法律的保护。土地按照用途分为农业用地、建筑和公共用地、林业用地和工业交通用地等。农业、林业用地只能用于作物种植或农业研究，不得转让给外国公民和企业。公民和法人可以拥有私人土地。外国公民可以通过买卖、赠予、交换及其他公民法的合同形式获得非农业用地所有权，或购买房产获得附属于房产的地块所有权，也可以通过继承获得土地所有权。

（1）通过拍卖实施农业土地交易，拍卖起价为 20 000 格里夫纳/公顷。

（2）允许拥有农业土地所有权从事农业生产的主体包括：拥有本国国籍的乌克兰公民、以地方自治机关为代表的地方社区、代表国家的政府执行机关、国家土地银行。

（3）允许拥有非农业土地所有权的主体包括：乌克兰公民、依据乌克兰法律成立的法人、以地方自治机关为代表的地方社区、代表国家的政府执行机关、国家私有化机关以及国家执行机构、外国政府和非政府国际组织、外国公民、无国籍人和外国法人。

（4）允许参与农业土地租赁从事农业生产的主体包括：乌克兰土地法规定的自然人和法人，包括乌克兰公民和法人、外国公民和无国籍人、外国法人、外国政府和国际组织。

（5）对购买和租赁土地的限制。乌克兰公民购买农业土地面积不能超过 100 公顷，其他主体不限；租赁农业土地期限为 49 年，租赁面积不能超过所在区农业用地面积的 10%，在全国租赁的农业用地总面积不能超过 10 万公顷；租赁价格为拍卖起价的 3%～12%，土地税为拍卖起价的 0.1%。

（6）国家或公共项目征收私人用地时，应对私人用地土地、地面建筑物、地面多年生植物及其他附属物进行补偿，并补偿土地所有人因转让土地而产生的所有损失，土地征收补偿价格由地方政府以决议形式确认；如果为被征收对象提供补偿用地，征收价格应包括置换地块的国家注册、建筑许可等费用。

（二）立法原则

1. 农业立法的基本原则

有关农业改革的农业立法已经历了多个发展阶段，每个阶段都以采用新法规为标志。有关农业改革的农业立法应符合以下基本原则：

（1）农业在国民经济所有部门中应处于优先地位。

（2）国家对农业进行支持。

（3）农业土地受国家和法律保护。

（4）将农业工作定义为最有声望的工作，并确保对其进行激励。

（5）农业的所有组织形式都平等，可自由选择。

（6）国家为农民提供社会经济生活和工作条件。

2. 土地立法的基本原则

土地改革在发展过程中也出现了新的土地法律制度，并对相关土地改革的土地立法设立了以下原则：

（1）保持土地使用作为领土基础、自然资源和主要生产资料的综合特征。

（2）确保公民、法人、领土社区和国家的土地所有权平等。

（3）除法律规定外，国家不干预公民、法人和领土社区行使其对土地的拥有、使用和处置的权利。

（4）确保合理利用和保护土地。

（5）提供土地权利的保障。

（6）优先考虑环境安全要求。

（三）农业用地

农业用地是指用于生产农产品、农业研究和教育活动、相关生产基础设施的土地，包括农产品批发市场或用于这些目的的基础设施。农用土地依照使用对象的不同被转让和拥有的用途有所不同：

（1）对于公民。用于个人耕作、园艺、牧草和放牧，进行商品农业生产。

（2）对于农业企业。用于进行商品农业生产。

（3）对于农业研究机构和教育机构、农村职业学校和中学。用于研究和教育目的，为促进农业的最佳做法。

（4）对于非农业企业、机构和组织、宗教组织和公民协会。主要用于辅助农业。

（5）对于农产品批发市场。主要用于容纳自己的基础设施。

农用土地具有优先权，主要体现在：应提供适合农业用途的土地用于农业生产；根据国家土地地籍数据确定适合农业需求的土地；对于工业企业的建筑、住房和用于公共服务的铁路和公路、电力线和通信、管道以及其他与农业生产无关的用地需求，主要提供非农业用地或质量较差的农业用地。

（四）土地政策实施的影响因素

土地政策在实施过程中的最大问题仍然是人为地限制土地改革。土地改革是一个系统的过程，它着眼于农业经济和农村发展中的一系列重要的社会、经济、工业和环境关系，因此在孤立地改进国家法规以解决政策系统中农业部门主要问题的情况下，引入土地市场周转是不可取的。

目前，乌克兰正在考虑多达十项的关于引入农业土地流转的立法草案，这意味着土地改革缺乏其主要着力点。明确土地为特定商品需要综合应用各种机制，不仅包括土地买卖，还包括土地资本化，以土地为基础、发展土地抵押贷款、改善土地租赁关系，建立科学合理的租赁制度。同时，社会期待着引入平衡和明确的土地市场流转规则，并建立必要的制度体系，使土地所有权的转移符合国家、乡村和农村社区的利益。关于土地租赁，包括对租金的管制、对土地所有权和租赁面积科学合理的严格限制、对土地进行客观定价和征税的机制，以此消除滥用等问题。关于土地保护方面，恢复自然土壤肥力、发展土地开垦、实施土地管理、恢复土壤保护系统、防止盐沼破坏，这些均是影响土地资源价值和资本化的主要因素。

二、土地流转

近年来乌克兰政府致力于探讨土地改革，并起草了农用土地流转法案，其核心是允许农用地自由买卖。2017 年议会通过相关法案，将暂停出售农用地规定延期到 2019 年 1 月 1 日。法案规定，在农用地流转法生效之前，禁止将土地份额列入经营实体的法定资本，不允许买卖国有和公共农用地，将其收回用于社会需要的除外。在政府的积极推动之下，有望开放农业土地市场，如果土地改革能够顺利实施，不仅能带动其国民经济的整体发展，还将给世界粮食市场和国际农业合作带来积极影响。

2019 年 1 月 1 日起，乌克兰实行关于解决乌克兰集体所有土地问题、完善农用土地使用规则、防止农用地被毁、完善灌溉系统等法律的修正案。其扩大了地方自治机构的权利并涉及以下内容：

（1）取消农庄集体土地流转为市政所有。

（2）到 2025 年前完成农用地分类，强调了非农用地流转为市政用地的必要性。

（3）将林区列入农业用地范畴并调整出租政策。

（4）所有承租者有权租赁农业道路，但与此同时，不允许限制其他租赁者进入地块。

（5）允许位于该区的国家和市政农用土地与等价私有土地进行交换，同时规定，在实行土地禁售令期间，这种交换只能是等价土地，交换土地的价值金额相同或差价不超过 10%。

（6）明确了实施土地登记的主体，可以是土地所有者、承租人或市、镇、村委员会。

2020 年 3 月议会通过了农业土地流转法案修正案，根据修正案，乌克兰将于 2021 年下半年起解除农业土地销售禁令，在农业土地市场开放的前两年，土地购买权仅适用于自然人，禁止法人购买农业用地，禁止出售国有土地，单次购买土地不得超过 100 公顷。两年后，单次购买土地上限为 1 万公顷，符合条件的法人也可以购买。但外国企业和个人是否有权购买农业土地仍需全民公决，且其不能购买距乌克兰边境 50 千米内的土地。

三、农用地投资

（一）农业土地投资形式

农业土地投资主要根据农田租赁协议进行。与私人土地所有者、地方社区或国家土地当局的租赁合同的期限从最低 7 年到最高 49 年不等。农田租赁合同使承包商能够合并彼此临近的 50～200 公顷的大块土地，以便于作物轮作规划、种植和收获。

乌克兰现已开放农业土地市场，供直接购买或抵押。自 2021 年 7 月 1 日起，其公民和乌克兰人注册的公司将被允许用自有资本或银行信贷购买农业用地，外国公司或个人将继续不受任何限制地根据租赁合同经营农场。

（二）农业土地投资成本

乌克兰农田投资成本在欧洲最低，但鉴于其高土壤肥力和未实现的农业生态潜力，提供了高回报潜力。投资成本由租赁权收购成本、年度租赁费和年度培育或直接生产成本构成。

根据地区和土壤质量，2009 年至 2020 年的土地租赁权收购成本从每公顷 300 美元到 900 美元不等。租赁权通常通过将已成立的农业公司的私人股权转让给新的所有者、个人或特殊目的公司来获得，也能以新成立的、特殊目的的公司的名义重新登记土地租赁协议、转租合同或互换协议来转让。

每年的土地租赁费在法律上是固定的，最低为地块价值的 3%，但可能因地区而异。2009—2020 年的租赁费从每公顷 30 美元到 150 美元不等，高峰年达到 300 美元或更高，其中，牧场的价格通常是同一地区可耕地的 1/3。

季节性生产成本包括燃料、备件、种子、肥料、作物保护和劳动力成本等，范围从有机农业的每公顷 350 美元到传统农业的 500 美元或更多。由于土壤的高自然肥力和全球对有机食品快速增长的需求，有机农业尤其为乌克兰提供了巨大的投资机会。2009 年至 2020 年间，乌克兰农业生产的优化投资成本（包括土地所有权和资本支出）从每公顷 700 美元到 1 800 美元不等。与此同时，乌克兰目前的收获产量表明，通过适当的农场管理和使用最佳技术，可以获得每公顷更高的农业生态潜力。

四、农业土地管理

土地管理是旨在社会经济和环境中规范土地关系、保护和合理利用土地资源的一套综合性措施。土地管理需遵循以下原则：遵守法律；确保科学、完善的分配土地，以便更好地适应生产力，形成良好的环境；组织土地使用和保护时，需同时考虑特定的区域条件、环境、经济和社会利益，确保经济和社会效率同农地资源的平衡和稳定；为国家当局、地方自治政府机构、个人和法律实体执行其法定土地权利创造条件。确保农业的优先地位；确保环境安全要求的优先性，保护土地资源和土壤肥力。

在土地管理的过程中，国有企业和市政农业土地不能出售，除非为了满足公共需要；除继承、交换其他地块或为公共需要购买外，私人农业用地或农业生产用地不得相互隔离；根据共享生产协议，为了进一步向投资者分配开展活动用的地块，可以改变用于农业商品生产或农业目的的私人农用地。

中央执行机构在土地保护领域中为确保形成和执行环境保护国家政策而实施国家监督，以督促相关人员遵守以下几个方面的土地使用和保护法律：

（1）保护退化和非生产性土地，保护湿地。

（2）遵守土地所有权和使用（包括租赁）的环境要求。

（3）采取措施防止土地被化学和放射性物质、废物、废水污染。

（4）遵守自然保护区土地和其他自然保护目的以及受特别保护的领土的使用制度。

（5）遵守有关土地使用和保护的环境法规。

（6）建立和使用水保护区和沿海保护带，并遵守其领土的使用制度。

（7）对违法经营的企业和设施，不论其隶属关系和所有制形式如何，依法采取限制、暂停（临时）或终止等形式的应对措施。

（8）提起诉讼，要求赔偿因违反乌克兰土地保护法律而造成的损害和损失。

（9）依法解决土地保护领域的其他问题。

五、土地保险补贴

乌克兰农业保险补贴基金（以下简称为 FASS）是向农业生产者提供保险补贴产品的预算组织。其收入主要来自保险公司强制扣减因强制或自愿投保某些类型的农产品而收到的保险费、国家预算的预付款及国家预算贷款。FASS支出主要用于提供农业市场主体在农产品综合指数保险和资本保险中实际支付保险费用 50% 的保险补贴，如果其在支付保险补贴时超过其预算账户的资金数额，则该差额将由国家预算贷款提供。

第五节　农业资源保护政策

农业资源保护政策是为合理利用农业自然资源、防止环境污染和生态系统破坏，促进农业可持续发展而提出的一项综合措施。乌克兰非常重视环境保护，违规处罚措施也比较严格，并在相关法律中规定了农业生产中的环境保护原则；该国执行欧洲的生态规范和标准，引入经济机制刺激生态导向的结构转型，确保国家、企业实体与公众之间建立有效的生态伙伴关系。本节主要从环境政策和生态政策两方面来介绍乌克兰的农业资源保护政策。

一、环境政策

（一）环境保护原则

乌克兰非常重视环境保护，森林、动植物、大气和水体等都属于重点保护范围。其保护的技术标准取决于保护对象的个体属性、保护方向等，违规处罚措施也较为严格，包括罚金、追究刑事责任等，同时对已破坏的生态要求积极恢复原貌。《乌克兰环境保护法》确定了该国政治、经济和社会各领域活动应该确保以下原则：

（1）优先确保自然环境的安全和居民健康，规范和节约利用自然资源。

（2）在开展政治、经济和社会活动前必须开展环境影响量化评估，并采取预防措施。

（3）优先利用可再生资源和生态生产原料和工艺。

（4）维护物种多样性和完整性。

（5）确定了自然资源的有偿使用原则和环境污染破坏的补偿原则。

（6）确定了环境保护政策制订和执行的民主和透明原则。

（7）对污染物必须进行回收，对自然环境造成的污染和损害必须进行赔偿。

（8）采取鼓励和惩罚措施相结合的方式开展环保执法。

（9）公民、社会团体和其他非商业组织有权利参与解决环保议题。

（10）乌克兰在环保领域积极参与国际合作。

国家环境政策的目的是通过在乌克兰社会经济发展的所有领域考虑生态系统来获得良好的环境状况，以确保乌克兰宪法赋予每个公民享有清洁和安全环境的权利，实行平衡的自然管理以及自然生态系统的保存和恢复。

（二）至2030年国家环境政策的主要原则

乌克兰《至2030年的国家环境政策的主要原则》是一项涉及多部门的政策文件。其主要原则是：

（1）保持气候系统的状态，降低对人类和环境健康与福祉有害的风险。

（2）通过实现经济、环境、社会的平衡发展，促进可持续发展，重点放在平衡发展的优先事项上。

（3）在制定和批准国家计划文件、区域和地方发展以及在决定执行可能对环境产生重大影响的计划活动过程中纳入环境要求。

（4）确保不同部门及利益相关者的参与。

（5）预防自然灾害和人为灾害，其中包括根据战略环境评估的结果对环境风险进行分析和预测。

（6）确保乌克兰境内的生态安全并维持生态平衡，提高禁区的生态安全水平。

(7) 确保违反环境立法需担责的必然性。

(8) 设置"环境污染者和资源使用者付费"的优先级。

(9) 行政机关和地方自治机构对环境信息获取的及时性和准确性负责。

(三) 环境政策实施阶段

实现国家环境政策的目标将分两个阶段进行。到 2025 年，计划通过整合来稳定环境状况。通过改革公共环境管理制度，执行欧洲环境规范和标准，改善环境核算和控制制度，引入金融和经济机制以刺激经济中以环境为导向的结构变化，实施有效的激励措施来改变公共行政系统，提高社会对环境的认识，使得各级环境保护和自然管理领域信息化。到 2030 年，通过平衡环境保护领域的社会经济需求和任务，确保在国家、企业和公众之间建立具有环境效益的伙伴关系，实现可持续的低碳发展，有望在改善环境状况方面取得重大进展，进一步刺激乌克兰的社会经济发展。在环境政策执行的过程中，需要始终坚持以下原则：公开问责、公众宣传；公众参与、公共决策；尊重公民的环境权利；鼓励公民开展对环境负责和具有环保意识的活动；防止污染环境。

二、生态政策

(一) 主要原则

国家生态政策的目的是通过将生态政策纳入乌克兰的社会和经济发展中来稳定和改善乌克兰的环境状况，以确保人类生活环境的健康和安全。国家生态政策的主要原则是：

(1) 加强生态治理在乌克兰国家治理体系中的作用，以实现经济、社会、生态的均衡发展，引起对可持续发展的优先及重点关注。

(2) 在制定管理决策和国家、部门、区域及地方发展政策或方案时需考虑生态后果。

(3) 部门间伙伴关系和利益相关者的参与。

(4) 预防自然事故和技术事故，根据战略生态评价、国家生态专业知识和环境状况监测结果，对生态风险进行分析和预测。

(5) 确保乌克兰境内的生态安全并维持生态平衡，消除切尔诺贝利事故的后果。

（6）公众和企业参与生态政策的制定和实施，并在完善环境保护立法时考虑其建议。

（7）违反环境保护立法责任的必然性。

（8）优先考虑"环境污染者和自然资源使用者付出全部代价"。

（9）行政机关对生态信息的可获取性、及时性和可靠性负责。

（10）国家支持和鼓励国内企业实体，使其生产现代化，以减少对环境的不利影响。

（二）生态政策的实施阶段

生态政策的目标将分两个阶段实现。2015 年，稳定生态状况，减缓人为增加环境负担，创造条件以提高人口生态安全水平，开始过渡到欧盟的环境保护标准，起草各自的法律法规，改善环境保护领域的公共活动。在 2016—2020 年期间，逐步取消与使用自然资源有关的保护环境和经济活动的职能，执行欧洲的生态规范和标准，引入经济机制以刺激生态导向的经济结构转型，实现社会和经济需求与环境之间的平衡，确保国家、企业实体与公众之间建立有效的生态伙伴关系。

第六节　农业保险政策

农业保险政策是在国家的支持下以保护农业生产者的财产为目的、为农业生产过程中的保险事故所造成的经济损失提供保障、旨在确保农业稳定生产的一项政策措施。乌克兰农业保险市场较不稳定，为确保农业保险体系进一步发展，政府确立了农产品保险所需遵循的基本原则，并对参与农产品保险的保险公司提出了具体的要求，严格把控农业保险的实施过程，以创造良好的农业保险市场。本节主要从农产品保险的基本原则、保险公司参与农产品保险的要求及农业保险的实施三个方面来介绍乌克兰的农业保险政策。

一、农产品保险基本原则

受本国货币贬值和高通货膨胀的影响，乌克兰农业保险市场呈不断波动状态。为进一步发展其农业保险体系，需要始终遵循以下基本原则：

（1）在自然灾害和灾难造成的财产被破坏或损失的情况下，保持财政状况的稳定和农业生产者的信贷能力。

（2）承担由乌克兰内阁确定的在国家支持下订立农产品保险合同的义务，并且符合为农业生产者提供某些类型的国家支持和补贴的条件。

（3）不论其组织形式和法律形式如何，所有农产品生产者都能平等地获得国家支持。

（4）确保因发生保险事件而给保单持有人造成的损害得到赔偿。

除此之外，耕种三年以上仍未收成的农作物；在过去五年中无收成的多年生人工林；有病的农场动物、家禽、兔子、鱼类等其他水生生物资源和牲畜产品，以及隔离区或极端流行情况区的动物，不在国家支持保险的范围之内。

二、保险公司参与农产品保险的条件

根据乌克兰"关于国家支持的农产品保险的特殊性"政策要求，保险公司（保险人）达到以下条件时，可以在国家的支持下为农产品提供保险：

（1）在过去两年有财产保险的经验。

（2）在独立转移全部或部分农业风险方面有经验，即具有应对农业风险的经验。

（3）拥有合格的工作人员，不少于两名具有农业领域的高等教育学历或至少三年的农产品生产或保险领域从业经验的专家；至少有五名受过农业领域高等教育的专家对保险设施进行检查，然后再签订国家支持的农产品保险合同，并检查保险设施以解决此类合同下的损失。

（4）自该金融机构的信息在国家金融机构登记册输入之日起第二个及以后每个财政年度结束后，保险公司（保险人）的净资产值必须不少于该金融机构的注册法定资本，并且必须通过审计确认在截至获得农业保险基金会员资格之前的最后报告日期前通过审计确认。

（5）确保被保险人有机会通知保险公司有关保险事件的发生，并获得有关损失赔偿程序的主要信息。

（6）在国家的支持下，根据农业保险合同提供保险事件赔偿损失，为履行合同规定的义务，保险公司（保险人）有权在与他人达成相关协议的前提下聘请他人。

（7）从获得农业保险基金会员资格之前的最后一个报告日起，保险公司的净资产必须超过估计的监管偿付能力的 25％以上，且不少于一百万欧元。

三、农业保险的实施

（一）保险金额与赔付

保险金额是在保单持有人与保险人之间的保险合同中确定的，是根据法律规定为每种类型的农业财产确定的保险金和保险费率的乘积。在确保农作物和多年生人工林的收成时，作物保险金的计算方法是将作物和常年人工林的种植面积乘以保险年度前最后五年的平均产量，再乘以中央执行机构为保险目的而建立的种植产品单价。如果农业生产者经营时间不足五年，则根据受保农作物和多年生作物所在地区的平均数据计算保险金的收益水平；农产品的单价由中央执行机构计算，以确保形成并执行国家农业政策；根据保单持有人和保险人于农作物收获前在田间进行评估来确定作物产量，这种评估是强制性的，也可应保险合同任何一方的要求，允许第三方参与评估，且由请求评估的一方付款。

在对畜禽产品和水生生物进行投保时，其保险价值也是根据中央执行机构计算的单价确定的，价格可以按产品类型、地区、自然和经济区来划分。按照要求对农场动物进行保险时，通过将所有被保险农场动物的保险金相加来确定总保险金，动物的成本是通过将一只动物的平均成本乘以总头数来确定的。因肉类饲养动物死亡或被强行屠宰而造成的损失金额，则根据被保险产品的价值与允许出售的肉类价值之间的差额计算。

损害赔偿的计算是由保险人根据保单持有人按保险合同条款提出的申请而作出的，并由保险人在保险合同中注明。如果在确定损害的原因和数额方面存在分歧，则保单持有人和保险人有权进行独立审查，所产生的费用由提出要求的一方承担。

（二）保险的实施

如果发生保险事故，则被保险人必须在发生保险之日起 72 小时内以书面形式通知保险人，且需包含保险合同的详细信息、保险的主题、损失的原因、注册日期、损坏区域大小、大约损失金额和保险赔偿金等信息。

如果在发生保险事故时，农产品被用于保险合同中未指定的目的，则应估算这些产品的价值，且保单持有人有义务事先通知保险公司其将农产品用于其他用途；如果农产品受到部分损坏，则对保险事件造成的损坏进行初步评估，生产周期结束（农业年度）后，将对最终损失进行评估并支付保险赔偿金。

保险人应在签署保险合同之日起14天内将保险赔偿金支付给保单持有人，若赔偿金支付期限有所延误，则保险人应按规定向保单持有人支付罚款。

（三）保险合同

1. 订立保险合同的程序

保险合同是根据标准保险产品的要求在保单持有人和保险人之间订立的，并以书面形式确认，由保险人向保单持有人提供；保险合同分为两份，每份具有同等效力；保险费由保单持有人按照保险合同规定的期限支付；保险人在订立保险合同时有权检查保险对象，以确定受保险财产的价值和风险程度；保险人有权监督被保险人遵守农业技术规则和合同规定的其他条件；保险人有义务保存已订立合同的记录。国家支持的农产品保险条件、标准保险费率、保险合同及其附件的形式、订立和维持保险合同以及解决保险索偿的其他文件的形式均由国家委员会批准，用于金融服务市场领域的国家监管。

2. 保险合同终止

保险合同经当事方协议以及根据乌克兰《保险法》的要求按合同规定的情况终止。在终止保险合同的情况下，按照合同期限的比例，以补贴形式收到的部分保险金将保留至期满，并在被保险合同终止之日起10天内由被保险人偿还给国家预算。在转让被保险财产的情况下，保单持有人有权要求终止保险合同，并在合同期满前归还保险金，并支付保险公司（保险人）的经营（管理）费用。如果在转让被保险财产时保单持有人未要求终止保险合同，则新所有者应承担合同中规定的权利和义务，保险人和新所有人有权在财产转让之日起一个月内终止保险合同。

（四）保险支持

国家对农产品保险的支持是以补贴的形式从国家预算中向农业生产者提供资金，以补偿他们按规定的农产品保险合同实际支付的部分保险金。农业保险的清单、对象和金额等是国家预算补贴的一部分，由乌克兰内阁决定，并从国家预算中提交至中央行政当局，内阁根据中央执行机构的提议，通过减少内阁成员的保费来提供国家公共支持，从而形成和实施国家农业政策。《国家农业支持法案》总结了国家对农业支持的相关条例和基本规则，其中一条规定了如果存在以下情况，则必须提前为其承保农产品损失的风险：为生产农产品而获得银行贷款，并且从预算中偿还了该贷款的利息；收到预算补贴、与农产品生产有关的补贴或价格降低的补贴；在有组织的农业市场上出售任何类型的商品衍生物，其基础资产是农产品；收到由州或地方政府担保的预算贷款或银行贷款。

　　本章从农业政策概述、农业税收政策、农业支持政策、农业土地政策、农业资源保护政策和农业保险政策等六个方面来详细介绍乌克兰的农业政策。该国通过法律来确定农业政策的基本原则和目标，设立农业主要优先事项以使得所有公共当局和地方政府在制定和执行农业政策时确保农业部门经济体系的全面和可持续发展；建立有利的税收制度发展农业，根据商品种类和贸易国的不同划分了多档税率，并对农业生产者建立了有效的税收支持政策体系，以为农业发展创造最佳条件；政府不断拓宽对农业部门的支持范围，为农业生产者申请的中短期贷款、购买土地的廉价贷款等提供补贴，为部分农产品设置最低和最高采购价格。土地所有权受到法律保护，不同用途的土地其所有权的主体不同。执行欧洲的生态规范和标准，重视环境保护，并设立相关法律规定农业生产中的环境保护原则；保险市场则较不稳定，政府通过设立保险实施的基本原则来严格把控农业保险的实施过程，以创造良好的农业保险市场。乌克兰制定各环节的农业政策以调节农业生产关系，维护农民整体利益，革新农村经济发展模式，实现农业可持续发展。

第六章 CHAPTER 6
乌克兰农业合作组织 ▶▶▶

　　农业合作组织一般是指以农民为主体，以维护和改善农业生产条件为目的，在平等、互助、互利的基础上组织起来，形式不同的合作社或联合体，是农民从分散走向联合的产物。农业合作组织的发展有利于解决小农户与大市场的矛盾，推动农业经济结构调整，是农业现代化的必由之路。然而，在不同的历史发展阶段，农业合作组织的发展受本国土地制度、农业政策、经济体制及发展水平等因素影响，其表现形式也有所差异。本章将从乌克兰农业合作组织发展历史、农业合作组织类型两方面分析介绍。

第一节　发展历史

　　1992年后，乌克兰开始由计划经济向市场经济转型，农业改革成为重要的突破口，形成了以农场、农业企业、农业合作社为主多种形式并存的农业合作组织。农业改革具体做法主要集中在农地制度领域，大方向是向土地私有化、非国有化和市场化方向转变。通过一系列农业改革，农业合作组织由国有农场和集体农庄为主转变为以私人农场、农业企业为主，农业合作社和农工综合体等多种形式合作组织并存的格局。总体来看，这一时期农业合作组织历经四个发展阶段。

一、国有农场和集体农庄为主导

　　这一阶段为1991—1994年。农业合作组织严重阻碍了农业的发展。为此，政府相继颁布《乌克兰土地法》《乌克兰议会关于土地改革的决议》等一系列法典，试图对农业进行大刀阔斧的私有化改革。改革的初衷是将苏联时期的国营农场和集体农庄改组成农业集体企业，取消国家对土地的所有权。为了实现所谓有效率的私人农场的目标，政府要求原国营农场和集体农庄划出约 10% 的土地作为地方政府掌管的土地再分配基金。个人可以向地方政府申请土地，兴办农场。国营农场和集体农庄还将划出约 15% 的土地用于增加职工（社员）的自留地，以扩大私人经济成分。除了一部分公共土地由成员代表大会决定不可分割，其余的土地和非土地财产要以股份的形式分给所有成员，包括退休人员。这些人在分得股份后可以携带自己的股份退出、兴办私人农场，或是合伙、入股、合作等，选择自己愿意的经营组织形式（傅晨，1997），土地关系转型的结果是创建了 7 300 家农业企业、600 家股份公司和 100 多家合作社。

尽管政府采取了一系列改革措施，改革效果却与预期大相径庭。到 1994 年，国家对超过 80% 的国有农场和集体农庄进行了改组，但它们仍然控制着 90% 以上的耕地资源。这是因为土地关系的转变主要是程序性的农场经营的产权关系变化，组织结构并没有发生真正的变化，当时的集体土地所有权实际上是农业企业的直接所有权，这也使得他们中的大多数员工实际上并没有掌握土地的经营自主权（Diyesperov V，2010）。改革过程中也出现了私有农场、农业合作社、集体制农业企业等农业合作组织形式，但一方面其控制土地较少，另一方面新出现的合作组织经营仍然参照国有农场的模式，限制了发展。以私有农场发展为例，1991 年该国私人农场数量仅为 2 100 个，到 1994 年 7 月数量激增至 4 万个，然而私人农场在全国农产品供给和农地面积中的比重极低。私人农场拥有的农地 1994 年仅占全国农地的 1.6%。

二、集体制农业企业确立主导地位

这一阶段集体制农业企业快速发展，时间为 1995—1999 年。国有农场得到全面改造，集体制农业企业开始确立主导地位，同时私人农场也得到一定程度发展。1994 年 11 月政府发布《关于加快土地改革步伐 发展农业生产的紧急措施》开始了第二阶段的土地改革，取消了国家对土地的所有权，在法律上明确了土地集体所有的合法性，集体制农企所有者成为土地私有化的主体。具体做法包括：①改变土地的所有制形式，放弃国家集中管理，实行分散管理，建立新的农业经营形式，形成有农业生产者参加，也有再加工企业和贸易企业参加的集体制农业企业；②已经转交给集体所有的土地在尚未进行实物分割之前，先将其划分成股份，按股份发放土地私人所有权证书并在土地私有的基础上形成新的股东形式的集体经营。改革取得了一定的效果，到1999年，在公有经济部门的1.26万家农业企业中，有1.16万家（约占所有农业组织的92%）是集体企业，这些集体企业掌握了超过65%的农业耕地资源（林治华，2003）。政府在此期间对转交给集体农业企业的土地进行股份制改革，以此提高农业生产效率，但是改革后的股份制企业的作用如同集体农业企业一样，大多数集体成员实际上仍与土地生产成果和经营管理相分离，这也导致生产积极性下降，农业生产效率低下。尤其是在农作物生产领域，谷类作物的单产从1993年的3.289吨/公顷降至1999年的2吨/公顷，甜菜的单产从1992年的19.38吨/公顷锐减到1999年的15.63吨/公顷。

三、公司制农场快速发展

这一阶段公司制农场（也即公司制农业企业）快速发展，时间为2000—2004年。其特征是通过引入土地和财产私有制完成了农业企业的改组，集体制农业企业主导地位逐渐被公司制农场企业取代，农场被组织成"商业"公司，包括股份公司、有限责任公司、农业合作社等。在乌克兰，企业农场主要以有限责任公司和私人租赁企业为代表。虽然企业农场的股东数量从1到1 600人不等，但有16%是单一股东实体，31%只有1到3个股东，三分之二的家庭至少以纸质证书的形式获得了他们的土地份额，超过一半的家庭以实物地块的形式获得了土地份额，这些股份转让率大大高于以前的调查（1994年、1996年）。尽管对农业企业的改组早在1997年就开始了，其间也曾尝试多种农企改制方案，对农企进行股份制改革，但改革始终无法突破原有体制的束缚。为此，政府于1999年12月3日颁布了《关于加快农业经济改革的紧急措施》总统令，明确了新世纪农企改革的三个重点：第一，国家有关执法部门要积极参与农企改制工作，强化管理；第二，现存的各种农村集体所有制企业必须在2000年内完成重组工作；第三，要为农企的改制创造有利的政策环境和条件。改革使得原有的1.13万个集体农企被改组成1.59万个新型农村组织，其中农场1 800个（11.3%），公司制农场及村社

1.15 万个（72.3%），农业合作社 2 200 个（13.8%），其他农村组织 400 个（2.5%）。此外还建立了 34 715 个新的农业组织，它们拥有的土地达到 1 880 万公顷（Burdeynyuk，2010）。

除此之外，私人农场的规模有所增加。政府在不同形式的农业组织之间进行了土地再分配，法人单位农业企业的土地面积减少，私人农场得到发展。1999—2002 年，农场的数量大约从 35 000 个增加到 43 000 个，增加了近 23%。在此期间，私人农场的土地增加了两倍多，从大约 100 万公顷增加到近 350 万公顷。1999 年开始，农业用地从企业向个体农场的转移速度显著加快，个体部门在农业用地中的份额从 1990 年的 6% 上升到 1998 年的 17%，然后在 2004 年飙升到 41%。私人农场拥有的平均土地面积从 1998 年的 25～30 公顷增加到 2003—2004 年的 70～80 公顷，而家庭用地从 1992—1999 年的平均 1 公顷增加到 2004 年的 2.5 公顷，家庭主要将土地出租给当地的企业农场，并保留相对较小的一部分供自己使用。农村人口明显倾向于租赁他们的股份，而不是投资于公司股权。改革的效果非常显著，经营获利的农场从 1997—1999 年几乎为零增长到 2000—2004 年的 60% 左右。

四、农业企业与私人农场并进发展

第三阶段形成了农业合作组织的双重结构：公司部门（农业企业）和个体部门（私人家庭和农场）并进发展，时间为 2004 年至今。这一时期改革的重点仍然放在减少农业企业活动的体制障碍和推动农业集约化经营方面。

在农业企业改革方面，自 2004 年以来，出现了以农业土地和财产在农业经济部门中的集中度为基础的农业生产的工业化和公司化过程。该阶段的主要特点是农业企业巩固了大量的农业用地。农业企业通过吸引工业、商业和金融资本，在集中的土地上形成了水平一体化和垂直一体化并存的出口导向型结构，其吸纳土地的途径主要有两个：第一，私有化改革使得土地相对之前可以自由流转，农业企业可以通过组建控股的子公司来大量收购农民的私人用地；第二，农民也可以自己组建股份公司，将各自拥有的土地作为股份注入集团。

在农场发展方面，2003 年政府相继通过了《家庭农场法》《农民农场法》，家庭用地和农民农场正式确立了法律地位。这也极大推动了私人农场的发展，尽管从农场数量来看，增加的不多，但是私人农场所控制的土地由 1991 年的

7%增加到 2010 年的 49%，农业总产值贡献程度由 27%增加到 60%，随后私人农场的贡献程度略有下降。

在农业合作社方面，合作社在这一阶段得到发展和重视。1997 年《农业合作社法》经过长达 16 年近 20 次修订之后于 2013 年 1 月由总统批准生效。2002 年农业部颁布《2003—2004 年农业服务合作社发展规划》，承诺支持合作社，但支持的手段将来自"国内外投资者、合作社成员的出资以及地方预算的资金"。2004 年通过《关于合作社法》，确定了农业服务合作社的基本法律框架。2005 年通过《关于到 2015 年国家土地政策主要支柱的法律》及《乌克兰村庄发展至 2015 年国家特别方案》，其中，国家土地政策的主要优先事项之一是国家支持在合作和一体化的基础上发展有竞争力的农业生产。2009 年内阁通过《至 2015 年支持农业服务合作社发展国家特别经济方案》，这是中央政府为发展农业服务合作社提供的第一笔大量资金。该法令计划通过支持立法、资助基础设施和消除合作发展的障碍，再设立 2 500 个合作社。事实上，该项目仅为合作社购买农业机械提供资金（Korinets，2013）。2012 年 11 月，议会通过了对《农业合作社法》的最后一次修订，正式确定了农业服务合作社的基本法律框架；2019 年，议会通过《第 6527 - D 号农业合作法草案》，该草案首次根据国际标准和最佳国际惯例制定，系统全面地规范了农业合作社的建立、运营和终止的所有法律关系，也标志着乌克兰农业合作社在向国际化靠拢。

第二节　农业合作组织类型

乌克兰农业合作组织为以农场、农业企业为主，农业合作社和农工综合体等多种形式合作组织并存的格局。农场伴随着私有化进程的推动逐渐成为最主要的合作组织形式之一，虽然数量上增长较缓，但其控制的土地数量及畜牧产值呈快速增长趋势。农业合作社发展缓慢且数量较少，尽管近年来在政策和资金上采取措施刺激农业合作社的发展，但其在合法地位、信贷资金、管理体制、社会认同等方面存在的问题使其发展近乎停滞。农业企业也是主要的合作组织形式之一，其中又以中小型非国有企业为主，虽然控制的土地数量有所下降，但在谷物作物产值方面占据主导地位。

一、农场

乌克兰农场可以分为两大类：私人农场和公司农场（后者通常被称为"农业企业"）①。它们之间的主要区别是规模和商业定位，一般来说，私人农场土地规模一般较小，主要以维持生计为导向；公司农场土地规模大，主要以市场出售、利润最大化为经营原则。但近年来，随着土地私有化的推动，私人土地可以自由买卖，并且未来土地经营规模将不再受当前政策的限制，私人经营的土地规模进一步扩大，市场出售成为其最主要的经营目标。

从私人农场的发展数量来看，在经历世纪之交快速发展后，农场的数量渐趋稳定。1997—2009 年是私人农场数量的增长期，尤其在 1997—2001 年数量增长最快，由 26 980 个增至 38 561 个，年均增幅达到 9.34%。原因在于这一阶段政府对农业企业进行了大刀阔斧的改革，农业土地迅速由企业向个人转移，私人农场拥有的土地数量及平均规模迅速增长；2010—2019 年私人农场的数量稳定中有所下降并于 2015 年降至最低值 43 137 个，相较于 2009 年的峰值下降比例超过 13.9%（图 6-1）。这是因为《农场法》的推行使得农地所有者可以自由买卖土地，有意向从事农业生产的农民有机会通过收购和合并的方式从其他农民那里获得土地，扩大自己的经营规模。同时，农民也可以组建自己的股份公司，将各自拥有的土地作为股份注入集团公司。

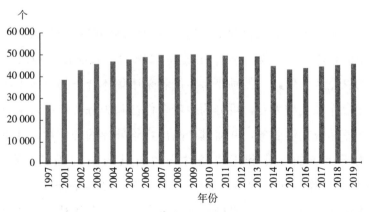

图 6-1　1997—2019 年乌克兰私人农场数量

数据来源：乌克兰国家统计署。

---

①　本部分将公司农场定义为农业企业。

从私人农场的农业贡献程度来看，私人农场在谷类作物和畜牧产品产值中所占比例均出现显著下降。谷类作物方面，2000—2005 年私人农场所占产值比例超过 50%，2005 年以后私人农场占比逐年下降，到 2018 年仅占37.2%；畜牧产品方面，2000—2018 年私人农场产值一直占据主导地位，但比例呈逐年下降的趋势，2000 年占比为 79.0%，2018 年占比仅为 52.5%（图 6 - 2）。

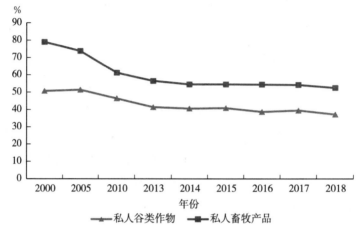

图 6 - 2　2000—2018 年乌克兰私人农场谷类作物及畜牧产品产值所占比例

数据来源：乌克兰国家统计署。

二、农业合作社

合作社是由成员自愿联合起来，通过共同控制的财产满足共同经济、社会和文化需求的自治协会（国际合作社联盟，2015）。政府在农业改革过程中提倡建立新的农业经营形式，鼓励小型生产者采用集体合作的方式生产。

从农业合作社类型来看，可分为生产合作社和服务合作社。生产合作社是指成员生产商品或提供服务，并将其产品出售给外界的合作社，其主要职能是通过提供优于市场的工作和工作条件来改善其成员的福利（Zvi Lerman，2013）。在生产合作社中，成员通常在内部工作，而不是作为独立实体工作。社员们利用集体资源（土地或机械）进行联合生产，合作社在市场上出售联合生产的产品，并为联合生产过程购买生产资料，而不是为个别成员。农业服务合作社是在农业生产者的参与下，为了开展农业活动建立的，主要职能是向合作社成员和其他人提供服务。服务合作社提供服务的范围包括：①农林产品的储存、销售和加工；②农产品供应链物流管理；③部分农产品（种苗、家禽幼仔、猪、牛等）的生产；④农业机械的修理、保养与运输服务；⑤执行某些类型的农业工作（农作物病虫害管理、牲畜人工授精、兽医服务）；⑥生产各类化肥、机械设备；⑦咨询服务（会计、财务、审计、农艺、动物技术等）(Mykola Malik 等)。

从农业合作社数量来看，总体呈缓慢上升趋势。2004 年农业合作社数量仅有 1 076 个，到 2019 年已达 2 212 个，尤其在 2004—2010 年发展迅速，年均增幅达到 12.76%。其中，生产合作社在 2004—2010 年占据主导地位，约占农业合作社总量的 75%。2010 年以后，服务合作社占比迅速增加并于 2017 年超过生产合作社，在农业合作社数量中占据主导地位（图 6-3）。

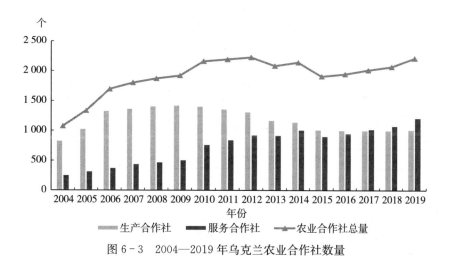

图 6-3 2004—2019 年乌克兰农业合作社数量

数据来源：乌克兰国家统计署。

从农业合作社的管理体制来看，形成了"中央-行政州-地区"的三级组织体系（图 6-4）。各级合作社之间相对独立，中央合作社负责在本系统内贯彻政府意图以及州合作社之间的联络、信息交流，并为州合作社提供发展信息和规划建议；州合作社主要负责协调法律、贸易方面的事务以及产品开发、质量监督管理。中央合作社和州合作社不开办企业，自身不直接从事经营活动。各级联社的资金来源主要靠下级社缴纳会费，上级社不参与下级社的利润分红，但是如果上级社为下级社在业务开展方面提供帮助并获得成功，可以分享一部分利润。另外，合作社还可以享受到政府给予的适当补助。创建农业合作社所需的资金，来源于合作社成员所缴入社费和股金。农民只需缴纳一定数额的入社费并承诺遵守合作社章程，就可以成为合作社成员，合作社经营收入归全体社员所有，其分配和使用根据社员的意愿来决定，旨在促进合作社的发展和改善社员的物质和文化生活条件。合作社实行民主管理，社员具有平等的权利。合作社的最高权力机构是社员代表大会，日常事务决策由各级合作社的理事会承担，理事会的成员由社员选举产生。各级联社的理事会由下级社的理事会成员选举产生，合作社的日常经营活动由理事会聘请有经验的专业人员来具体组织实施，合作社向雇佣的工作人员支付薪酬。合作社还为员工提供教育培训、带薪假期等福利，员工退休后，由政府提供全部退休金，合作社不再承担任何费用，但是对长期在合作社工作的老员工，合作社还提供一定数量的额外补助，奖励其对合作社做出的贡献（图6-4）。

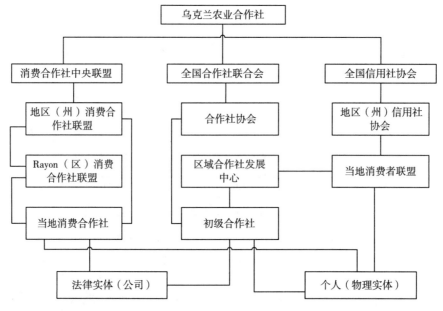

图6-4　乌克兰农业合作社组织体系结构

数据来源：根据 Remodeling Cooperative Sector In Transitional Agriculture：Case Of Ukraine，Zinovchuk V 整理。

三、农业企业

乌克兰许多农业企业[①]都是从小型私人农场起步的，这些农场早在 20 世

[①] 本小节根据乌克兰统计年鉴定义农业企业，包括农业公司、农业合作社。

纪 90 年代就由以前集体农庄的管理者建立起来了。随着农业改革以及私有化进程的推进，农业企业迅速扩大经营规模，特别是在过去的 5～8 年里，主要是基于租赁的农业企业土地和私人农场的发展——这构成了 1991 年以后 80％的农业企业（Arkadiusz Sarna，2014）。农业企业在过去十年发展中开始放缓，数量从 2005 年的 4.24 万家下降到 2012 年的 4.07 万家。虽然农业企业的数量有小幅度下降，但其经营规模有所扩大，平均经营面积约 100 公顷。目前，16.2％的私人农场管理着农业企业 80％的耕种土地（总面积约 440 万公顷）。

从农业企业控制的土地来看，农业企业控制的土地面积呈现显著下降趋势。农业土地所有权结构发生了显著变化，主要表现为土地由农业企业向私人转移。1990—2017 年，农业企业拥有的农业用地面积减少了 46.1％，占农业用地总面积的比例从 1990 年的 93.5％下降到 2017 年的 50.2％。其中，土地面积减少比例最多的是国有农业企业，1990 年国有农业企业占农地面积的比例为 23.9％，2017 年下降到 8％，下降幅度达到 66.5％；土地面积减少数量最多的是非国有农业企业，1990 年非国有农业企业拥有的土地面积为 2 880 万公顷，2017 年减少到 1 750 万公顷，减少了 1 130 万公顷。在同一时期，私人拥有的农业土地则呈急剧上升趋势，从 1990 年仅 270 万公顷增加到 2017 年的 2 070 万公顷（是 1990 年的 7.67 倍），年均增幅 32.00％（图 6-5）。

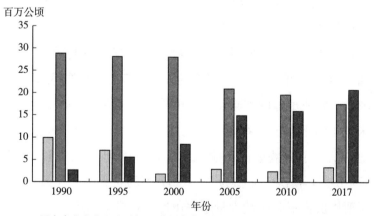

图 6-5　1990—2017 年乌克兰国有、非国有农业企业及私人农业土地面积

数据来源：乌克兰国家统计署。

从农业企业的贡献程度来看，农业企业在谷类作物和畜牧产品产值中所占

比例均出现显著上升。谷类作物方面，2000—2005 年农业企业所占产值比例均低于 50%，2005 年以后农业企业占比逐年上升，到 2018 年占比达到62.8%；畜牧产品方面，增速则更为明显，2000 年产值仅占 21%，2018 年这一比例达到 47.5%，尤其在 2000—2013 年占比由 21% 增至 43.5%，年均增幅5.76%，2013 年以后畜牧产品产值占比增幅减小（图 6-6）。

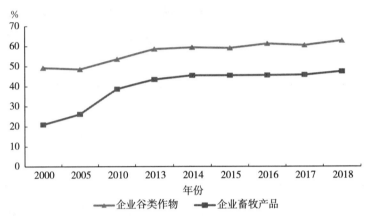

图 6-6 2000—2018 年乌克兰农业企业谷类作物、畜牧产品产值占比

数据来源：乌克兰国家统计署。

　　从农业企业的规模来看（以 2007 年和 2018 年为例），主要以经营规模为500 公顷以下（不包括无土地企业）的中小型企业为主。2007 年规模为 500 公顷以下的农业企业数量占比 72.9%，2018 年为 66.7%。其中，经营面积在50 公顷以下的农业企业数量占比显著减少，由 2007 年的 51.5% 减少至41.3%；经营面积 50～500 公顷的企业数量占比有小幅度增加，由 2007 年的21.4% 增加至 2018 年的 25.4%。经营面积超过 500 公顷的大型农业企业数量占比变化较小。农业土地的细碎化经营也是阻碍乌克兰农业土地高效利用的重要因素，未来集约化经营是农业改革的重要方向（Serhiy Moroz，2012）。此外，无土地的农业企业数量占比明显增加，2018 年占比相较 2007 年增加了6.1%，达到 18%，仅次于面积为 20～50 公顷的农业企业（图 6-7）。这部分农业企业主要以股份形式吸纳大量小农用地，获得土地的经营权。

　　本章主要从农业合作组织的发展历史和类型两方面介绍了乌克兰农业合作组织的发展状况。在不同历史阶段，农业合作组织的发展受土地制度、农业政策、经济体制及发展水平等因素影响，其表现形式也有所差异。乌克兰独立后，在市场经济改革的浪潮下，农业合作组织形式发生了翻天覆地的变化，原

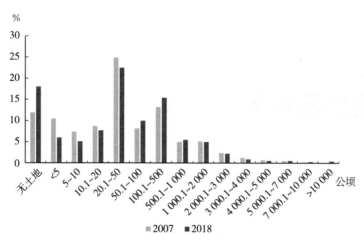

图 6-7 乌克兰不同经营规模农业企业数量占比

数据来源：乌克兰国家统计署。

有集体制农庄迅速转变为私人农场、农业合作社、农业企业、农工综合体等多种形式的农业合作组织。从现有农业合作组织类型来看，私人农场、农业合作社、农业企业成为最主要的三种组织形式。私人农场方面，其发展最为迅速，表现在农场数量快速增长、畜牧产品产值占比超过 50％以及拥有的土地面积逐年增加并占据主导地位。农业合作社方面，发展较为缓慢，但值得注意的是，该国服务合作社近年来发展相对较快。农业企业方面，由于农业私有化改革的推进使得大量农业土地从企业流入私人手中，农业企业数量以及拥有的土地面积下降明显，但其在谷类作物、畜牧产品产值贡献率上保持稳定的增长，尤其在谷类作物产值上贡献率超过 60％。现阶段，农业企业以经营规模为 500公顷以下的非国有农业企业为主。

第七章 CHAPTER 7
乌克兰农业教育

▶▶▶

农业教育是农业科学知识和农业技术生产转化的重要手段，也是推动农业生产发展的有效途径，实现方式主要以高校农业科学技术知识教学为主，也包括农业技术推广与示范。乌克兰农业教育和农业科研的发展一直处于较好水平，教育体系完整，学科门类齐全，早在19世纪末就开始培养专门的农业领域技术人才，独立后更是以立法的形式完善国家农业教育体制，将高等教育与农村教育发展结合起来。在长时期的农业技术发展中，乌克兰已建立起一套较为成熟的农业教育体系，进一步提升了国家农业生产水平，促进了农业的科学发展。

第一节　教育体系

乌克兰实行全日制11年义务教育制，主要由学前教育、普通中等教育、职业教育、高等教育（包括副博士研究生教育、博士研究生教育）组成，此外还有补充性公共教育（袁礼等，2019）。到2020年，全国共有619所高等教育机构，1 600余所教学、科研、生产综合体，著名大学有国立基辅大学、国立科技大学（基辅工学院）、基辅音乐学院、国立哈尔科夫大学、国立哈尔科夫师范大学、国立农业大学、哈尔科夫国立农业大学、国立利沃夫大学、国立辛菲罗波尔大学、敖德萨音乐学院等。与欧美地区高校相比，乌克兰学费相对较低，一般高校每年学费约为2000美元（中国驻乌克兰大使馆经济商务处，2020）。

一、学前教育

在乌克兰，学前教育主要分为完全幼儿园和不完全幼儿园两大类，还有与学校连为一体的学前教育班。完全幼儿园或学前教育班主要招收1岁幼儿并读到6岁入小学。不完全幼儿园或学前教育班则主要招收3岁幼儿并读到6岁入小学。不完全幼儿园或学前教育班有全托和半托两种形式，全托即双休日接回家，主要分布在城市，另外还有寄宿幼儿园（一般只有在寒暑假才接回家）；半托是主要分布在农村地区的幼儿园或学前教育班，孩子需要每天接送。由于小学入学的年龄在城市大多为6岁，而农村则为7岁，故在农村的幼儿园或学前教育班要上到7岁，但也有接近城市的乡村采取6岁入小学的学制，并逐渐发展成为一种趋势（张谦，2001）。具体学前教育情况见表7-1。

表7-1　乌克兰学前教育情况

项目		2005年	2010年	2012年	2014年	2015年	2016年	2017年	2018年
机构数量（千家）	总数量	15.1	15.6	16.7	15.0	14.8	14.9	14.9	14.9
	城镇地区	6.7	6.7	6.9	5.7	5.7	5.7	5.8	5.8
	农村地区	8.4	8.9	9.8	9.3	9.1	9.2	9.1	9.1
机构招生容量（千人）	总数量	1 056	1 136	1 236	1 077	1 105	1 125	1 141	1 156
	城镇地区	773	821	880	748	772	785	794	806
	农村地区	283	315	356	329	333	340	347	350
机构儿童数量（千人）	总数量	1 032	1 273	1 471	1 295	1 291	1 300	1 304	1 278
	城镇地区	840	1 012	1 145	985	981	984	985	969
	农村地区	192	261	326	310	310	316	319	309

注：该汇总数据包括截至2018年1月1日乌克兰学前教育机构学生总数。

数据来源：《乌克兰国家年鉴2018》。

二、普通中等教育

乌克兰的普通中等教育主要由小学、中学和中专组成，小学（第一级）的中等教育机构提供基础教育，初级中学（第二级）的学校提供不完整的中等教育，高中（第三级）的学校确保完成中等教育。为了使青少年都能接受教育，这类学校学费非常低廉，通常只是象征性收取一些学费，教师的工资由国家统一补贴发放。其中，高中和中专学校的课程设置和高等院校基本相同，但都是基础专业课程；学校配备完整的管理机构，教师也大多毕业于专业学院，可以对学生进行较为专业的技能训练。高中和中专学校整体学制为7年，学生学习期满，通过毕业考试可以获得学校的毕业证书。这种学校的目标是培养具有文化素养的全面发展型人才，在提高全民素质的同时，课程设置全面专业，同时与高等学院专业相对应的培养模式也为乌克兰高等教育打下了坚实的基础（白玉兰，2015）。具体中等教育情况见表 7-2。

表 7-2 乌克兰中等教育情况

学年	2005/2006	2010/2011	2012/2013	2013/2014	2014/2015	2015/2016	2016/2017	2017/2018	2018/2019
机构数（千家）	21.6	20.3	19.7	19.3	17.6	17.3	16.9	16.2	15.5
学生数（千人）	5 399	4 299	4 222	4 204	3 757	3 783	3 846	3 922	4 042
(10~12、10~16)年级人数（千人）	975	570	605	559	463	432	412	404	427
教师总数（千人）	543	515	510	508	454	444	438	440	441

数据来源：《乌克兰国家年鉴 2018》。

三、职业教育

乌克兰职业教育以专科学校为主，主要为毕业后准备进入特定行业的学生开设，以培养专业领域的工人或干部，学制为 4 年。职业教育学校的学生大多已经接受过 7 年中等教育的专业化训练和系统学习，已具备一定专业水平和素养。在师资力量上，学校配备的老师具备的业务水平较高。同时，为了最大程度地保证学生有足够的时间学习，更好地进行文化课和专业课教授，有的学校还实行了寄宿制。由于乌克兰高等教育中各个学院和专业艺术院校对学生的专业水平要求极高，学生在专科学校毕业以后要报考高等学院，先要根据专业程度申请高等学院的预科班，在高等学院的预科班跟着专业老师学习 1~2 年，学习结束后再参加高等学院的入学考试，成绩合格才可以入学。因此，专科学校的职业教育十分重要（白玉兰，2015）。具体职业教育情况见表 7-3。

表 7-3 乌克兰职业教育情况

年份	机构总数（千家）	学生总数（千人）	机构招生数量（千家）	毕业合格学生（千人）
2000	970	524.6	307.3	266.8
2005	1 023	496.6	314.2	286.6
2010	976	433.5	282.9	247.3
2011	976	409.4	241.7	240.1

（续）

年份	机构总数（千家）	学生总数（千人）	机构招生数量（千家）	毕业合格学生（千人）
2012	972	423.3	241.8	202.1
2013	968	391.2	225.2	227.3
2014	814	315.6	178.0	182.0
2015	798	304.1	176.6	165.0
2016	787	285.8	157.9	152.8
2017	756	269.4	146.9	141.3
2018	736	255.0	136.6	133.5
2018 年完成中等教育的人员职业培训	—	62.2	41.1	43.5

注：除了乌克兰教育和科学部的 752 所机构外，数据还包括其他部委（机构）的 4 所机构。

数据来源：乌克兰教育和科学部。

四、高等教育

乌克兰教育模式比较固定，高等教育结构划分较为清晰。依照各高等院校的不同地位和级别，乌克兰高等教育包括四个不同的等级，一级院校包括技术学校、职业学校及其他同等高等教育学校，二级院校包括专科及同等教育学校，三、四级院校则包括学院、音乐学校、大学等，学生通过在技术、职业学校及其他一级高等院校学习，可获得初级资格。乌克兰当前共有 979 所高等院校，其中一、二级院校共 664 所，三、四级院校 315 所。乌克兰各高等院校一般学制为五年（医科大学为六年），若是本硕连读，毕业时即获硕士学位（如学习四年也可毕业，可获得学士学位）。已有学士学位申请硕士学位的，标准学制为 2 年。在高等院校里实施的专业教学有全日制（白天教学）和半工半读（夜晚教学或函授教学）以及特殊专业教学（不需要出勤）。

高校每个学年从 9 月 1 日开始，分两个学期进行，基本时间为 9 月初至 1 月末、2 月中旬至 7 月初。该国高等教育体制分为国立、公立、私立三种，其中国立所占比例较高，为 51.68%，共有 415 所院校；公立和私立分别有 221 所、167 所院校。高等教育机构最多的是首都基辅市，分布有 170 余所院校；其次是乌克兰东北地区，包括哈尔科夫州、顿涅茨克州、第聂伯罗彼得罗夫斯克州，分布高校超过 300 所；分布数量最低的是外喀尔巴阡州，但高校数量也有 24 所（李姬花，2016）。

乌克兰高等教育历经多次改革，变传统的单一学制结构为现行的"多级高等教育学制结构"，与国际通行做法接轨，教育类型共分为六个等级（Nadiia S. Kalashnyk 等，2014）。

第一等级是高等专科阶段。学生在完成了"完全中等教育"（Complete Secondary Education）之后可以进行专科阶段的学习，一般需要学习 2.5～3 年的时间。

第二等级是学士学位阶段。学生在大学、高等专科学校或学院中完成 3.5～4 年的课程学习，通常还会分配 30％～35％ 的时间进行专业培训，其余时间则致力于理论研究，具备理论和专业技能的双重资格后方能顺利毕业，被授予学士学位。课程一般设有人文学科、基础学科及工艺学科几大类，便于学生将来继续攻读专业技术人员证书或硕士学位。学生按规定修完全部课程（包括实习）并通过全部考试考查，学校则会给这些考核合格的学生颁发"高等教育毕业证"，同时授予相应专业的"学士学位"。获"学士学位"的学生可以继续接受第三级高等教育。

第三等级是专业技术人员阶段（如工程师、教师和医生等）。在大学、高等专科学校、学院或者公立艺术学校学完全部课程后，可获得文凭。对中学毕业生来说，学习年限为 5～6 年，具体时间取决于学校的类型；而对学士学位持有者来说，学习年限则为 1～2 年。

第四等级是硕士学位阶段。硕士期间的课程由 2～3 个阶段组成（包括科研或教学实习），标准学制为 2 年。学生通过第二、三阶段的学习可以获得硕士学位或专业技术任职资格，同时必须通过毕业考试和国家学位评定委员会主持的专业领域的科研论文答辩，才能获得硕士学位。

第五等级是科学副博士学位阶段。申请者经过 3～4 年独立的研究工作，完成论文并通过由特别科学委员会组织的答辩后，可获得科学副博士学位，学位证书由乌克兰最高证书委员会颁发。

第六等级是科学博士学位阶段。科学博士学位是乌克兰的最高学位，通过特别科学委员会组织，对申请人所独立从事的科学项目进行公开答辩，由乌克兰最高证书委员会认可。这一学位的培养形式之一是让学生在某一特定领域或学科进行全日制的博士课程学习，如教育学专业，现在主要的方式是进行独立研究，申请者须以高级研究人员身份工作两年。乌克兰的硕士及博士研究生教育情况见表7-4。

表7-4　乌克兰硕士及博士研究生教育情况

项目		2000年	2005年	2010年	2012年	2013年	2014年	2015年	2016年	2017年	2018年
研究生教育	开设研究生课程的机构数目（家）	418	496	530	521	518	482	490	481	475	431
	研究生总数（人）	23 295	29 866	34 653	33 640	31 482	27 622	28 487	25 963	24 786	22 829
	修读研究生课程的人数（人）	7 744	9 711	10 626	9 916	8 599	7 568	9 813	6 609	7 274	7 172
	研究生课程毕业人数（人）	5 132	6 417	8 290	8 499	8 320	7 597	7 493	6 703	6 087	6 401
博士生教育	拥有博士学位的机构数量（家）	209	240	263	271	276	264	283	282	277	270
	博士生总数（人）	1 131	1 315	1 561	1 814	1 831	1 759	1 821	1 792	1 646	1 145
	攻读博士学位的人数（人）	376	461	603	639	623	596	650	584	493	544
	博士毕业人数（人）	401	373	459	424	578	524	563	551	543	963

数据来源：《乌克兰国家年鉴2018》。

第二节　教育立法

乌克兰是世界上著名的教育强国，教育体系的形成历经了多次调整和改革，在此过程中推行了多个政策法规，这些教育领域的相关法律政策极大地促进了乌克兰教育的完善和发展，教育相关立法见表7-5。

表7-5　乌克兰教育相关立法

年份	法律名称	主要内容
1992	《高等教育机构认可条例》	确立了高等教育机构许可和认证的程序
20世纪90年代中后期	《高等教育的基本方针》	要求高等教育要适应现代化和市场的需求，培养社会真正需要的人才；调整高校专业设置，建立完整的人文社会科学教育体系，增加社科类学生的录取人数；组建教学综合体
1998	《职业教育培训法》	专门对国家职业教育与培训体系做了详细的阐述，同时提出了全面的职业教育改革方案
1999	《普通中等教育法》	规定从2001年开始，10年以上的基础和高中教育在结构、时间和内容方面的重大变化

（续）

年份	法律名称	主要内容
1999	《文凭补充说明》	与学生的乌克兰语和俄语学位证书相配套，用英语和乌克兰语说明文凭补充涉及的内容
2002	《乌克兰高等教育法》	明确规定乌克兰高等教育学制结构，包括不完全高等教育、基础高等教育和完全高等教育；确定职业教育和普通教育的"双轨制"高等教育体制
2002	《教育发展的国家学说》	确定了 21 世纪乌克兰国家教育发展的战略和主要方向，发展应用教育，为所有公民提供优质的终身学习条件
2004	《乌克兰师范教育发展和融入欧洲教育空间的概念框架》	对师范教育发展的目的、主要任务、体系和内容、教师职称及教师教育专业设置进行了规定，其中对信息技术在教师继续教育中的价值尤其重视
2005	《博洛尼亚宣言》	努力成为欧洲一体化的参与者，对高等教育在国际课程设置、信息网络技术运用及终身学习等方面进行了改革
2011	《农业教育科学改革与发展方针》	优化农业教育体系，加强农业高校的重组与现代化
2019	《关于对乌克兰高等教育领域教育活动的某些立法行为进行修正》	规范如教育许可、高等教育学习准入、跨学科教育和其他涉及确保高等教育质量、国家资格认定框架等相关问题

第三节　教育体系管理机制与经费来源

　　管理机制方面，乌克兰实行由中央联邦政府和地方联邦主体相结合的二级管理体制，国家管理和社会自治相结合，各级管理有明确的权限。国家教育主管部门为教育与科技部，负责制订高等教育的方针政策、培养目标以及国家教育、科学和干部职业培训法规，制定教育发展纲要、国家教育标准和教育工作的具体政策，统筹全国教育工作，是教育和科学领域的核心行政机构；其他中央行政机构（如健康防疫部、国防部等）与教育科学部一同管理支持着各地方的高等教育机构（王惠芝，2015）。地方教育由地方权力执行机构及地方自治机构负责管理并建有专门的管理机构，学前教育、基础教育、校外教育机构及中等师范学校均隶属上述机构。虽然总体上还是中央政府在统筹规划，但高校也多了一定的自主权，并且乌克兰也改变了政府单一办校的格局，在以政府办学为主的同时，地方自治机关、企业、社会团体等民间组织均可以独立办学或联合办学，允许多种所有制办学形式的存在。国家教育机构可能会有额外的融资来源，如教育服务收入、科研成果转化收入、商业活动收入或各种形式的补贴和贷款（袁礼等，2019）。

其中，高等教育体系的管理还包括公共行政和控制机构。依据《高等教育法》规定，教育体系最广泛意义上的高等教育管理部门包括：①乌克兰最高拉达（议会）；②乌克兰内阁；③教育和科学领域的中央执行机构（乌克兰教育和科学部）；④高等教育机构所属的政府机构；⑤州当局、地方自治机构；⑥乌克兰国家科学院（高等教育机构的创始人）；⑦高等教育和科学领域的公共自治机构；⑧国家高等教育质量保证局（李莉雅，2019）。相关高等教育体系管理部门见表 7 - 6。

表 7 - 6　乌克兰高等教育体系管理部门

部门	主要任务
最高拉达（议会）	根据其权力行使立法、组织和议会控制权；通过国家预算，制定税收制度；制定高等教育领域（教育和乌克兰的科技部）的国家政策
乌克兰内阁	组织制定、批准和实施国家高等教育发展计划，提供物质和技术基础的创造以及高等教育发展所需的其他条件
教育和科学部	为高等教育发展提供战略和方案，并提交给政府，在科技进步的基础上，指导高等教育发展的战略方向
高等教育所属的政府机构	参与专家的专业培训，对高等教育机构开展的教育活动进行审批，制定提案，并执行国家命令，培训高等教育专家
州当局、地方自治机构	在其权限范围内，确保在高等教育领域实施国家计划；向教育和科学部提交关于高等教育的建议，促进高等教育机构毕业生的就业和社会保护；组织解决高等教育体系的问题
国家科学院	主要协调国家和各级科学院的基础研究
高等教育和科学领域的公共自治机构	—
高等教育质量保证局	是乌克兰高等教育管理系统的新机构，有权在高等教育质量保证领域实施国家政策

经费方面，各级教育学校和机构的经费来源分级而治。国家高等教育的主要经费来源是国家预算拨款，国家每年按照不低于国民收入 10% 的比例提供教育经费（中国驻乌克兰大使馆经济商务处）；此外还有相当比例的社会法人和自然人投资支持。地方教育管理机构负责向其所属学校拨款，为教育工作者

及青少年提供社会保障，为学生就近入学并接受教育创造必要条件。而民办的私立高等教育机构，学校则要自己承担各方经费（王惠芝，2015）。

乌克兰2007年颁布的《至2015年农村发展纲要》中还对有关农业教育的各项措施活动规定了具体的经费支持数额。在改革农业教育体系方面，7年投入的总经费预算为3 300万格里夫纳，用于培养职业农业方向的经济管理硕士、培养与"博洛尼亚宣言"要求相适应的教师人才以及支持在农业教育体系改革方面进行的科研实验工作等。在高校中的农业教育方面，7年投入的总经费预算为183.74亿格里夫纳，主要用于在高校中培养农业领域内干部人才、保障农业院校的活动经费、农业领域工作人员在农业高校以及在学历后教育机构中的进修等（梅颖等，2015）。

第四节　农业教育体系

乌克兰农业教育体系的建构经历了相当长的历史时期，早在19世纪前期就已经有了农业科学教育的雏形。1898年，乌克兰在新建立的基辅综合学院设立了专门培养农业领域人才的农业系，并开始建立农业专科学校，农业教育体系逐渐开始形成并不断完善发展。

农业教育体系主要以农业高等教育为主，包括各级农业高校和技术学校。乌克兰各高等院校中，一级和二级农业高校有117所，包括47所学院、69所技术学校、1所技校分部，其中综合性大学附属的学院和技校91所；三级与四级农业高校有20所，包括综合性大学18所和2所研究院。所有农业高校占整个高等院校数量的17%左右，除高等农业教育外还有学历后农业教育机构30余所，主要承担农业干部的培训及进修的教学任务。

乌克兰的农业高等教育体系呈阶梯式，实行了与资格认证相应水平对应的多层次人才培育系统，允许学生根据职业方向和专业接受不同等级水平（初级专家、学士、专家、硕士）的教育与培训。在一级和二级院校，如农业技术学校、农业专科学校中毕业可获得初级专家资格；在三级和四级院校，如农业学院、农业大学、农业研究院毕业可获得学士以上学位。该国还通过法律法规确立了农业教育体系的形式、专业等，如1993年乌克兰国家农业部颁布了《至2000年农村教育发展纲要》，确定了针对农业院校的《高等教育多层级专业新目录》和《高等职业教育不同技术水平和工种培养方向目录》，形成了不同类别、不同层次教育之间相互交叉、相互联系的高等农业教育的立体培养系统，并确立为终身教育体系（梅颖等，2015）。

乌克兰在农业教育体系下逐步推行了农业部门教育与商业结合的农业管理项目（Agrokebety 计划），主要由该国农业类高校和乌克兰农业商业俱乐部代表共同实施。该计划的关键任务是为乌克兰农业公司培养高素质、专业的技术人员。计划申请人没有年龄限制，在实习期间会进行为期 6 个月的实践培训，并由导师和农业综合人员进行指导。乌克兰实施农业管理硕士项目（Agrokebety 计划）的农业大学共有六所，分别是国立生物资源和自然管理大学（NUBIP）、塔夫里亚州立农业技术大学（TGATU）、苏梅国立农业大学（SNAU）、文尼察国立农业大学（VNAU）、卢甘斯克国立农业大学（LNAU）和赫尔森国立农业大学（KSAU）。

作为世界上著名的教育强国，乌克兰的教育体系为科学研究的发展提供了良好的人才和有力的知识储备。该国教育体系完备，包括基础教育、中等教育、职业教育及高等教育，确保了学生基础科学的掌握和专业实用技能的训练；教育体系的管理分工明确，中央政府各部门统一管理的同时，高等院校还拥有一定的自主权，能够从宏观和实际两方面出发促进国家教育水平的提高；教育立法也较为全面；农业领域的专门教育出现较早，农业教育体系呈阶梯式，建立了多层次农业专业人才培养结构，发展也较为成熟。

第八章 CHAPTER 8

乌克兰农业科研、科技创新
与重大计划　▶▶▶

乌克兰农业领域的科学研究具备良好的发展基础，农业技术成果丰富。同时也制定了多个国家层面的重大科研计划，通过政策支持国家农业科技领域的发展。其科技实力在航天、航空、造船、化工、冶金、材料等领域均处于世界先进行列，在农业、生物技术、新材料领域也有巨大的科技潜力。

第一节　农业科学研究

乌克兰农业科研比较发达，拥有完备的农业学科基地和较好的研究基础。农业科研体系基本健全，研究人员的文化和科技素质普遍较高，农民也掌握了一定的农业技术，这些都为乌克兰农业科学研究的恢复和发展创造了条件。

一、科研体系

1999 年乌克兰议会制订了《乌克兰科技活动法》并在此框架下逐步建立起独立的国家科研体系（董映璧，2002）。

乌克兰科研体系的变革主要包括：机构方面，所有科研机构转变为独立法人组织；许多大型研究所分散成小型研究机构以适应市场经济的发展；一部分科研机构与科研人员转向从事技术服务与转让，出现了一些非国有性的科研机构与新的民间科研团体。经费方面，开始从接受国家经费转向实行独立经济核算与财务自理；大量科研机构与研究人员开始面向社会从事民用与适应性为主的技术开发；在科研机构中引入了新的科学家劳动报酬体系，使劳动所得与最终的科研成果相结合，科研成果开始商品化；社会科学研究与国际研究领域接轨，经济科学主要转向研究计划经济向市场经济过渡的问题。与此同时，为了解决国家社会经济中出现的重大问题，政府确定了国家科技发展优先领域，建立了科技计划制订体系，对国家科技计划、重大项目和课题经费的分配实行申报竞争制度，将竞争机制引入科学研究领域。

经过十余年的改革发展，乌克兰基本完成了科研体制转变，逐渐形成了一个具有创新机制的科研体系。当前乌克兰科研体系主要包括科学院、高等院校、部门和企业所属科研机构三大部分。其中，各级科学院主要负责各个领域基础研究的创新；部门、企业所属的科研机构、科学园区主要实施集产学研一体的技术、工艺和成果转化等方面的创新；高等院校则主要进行多领域的综合及应用研究以及科研人才培养。到 2009 年，乌克兰从事科学技术研究的机构共有 1378 家，其中一半以上是行业科研单位，国家科学院及其他各级科学院系统的科研机构占 1/4，平均每 7 个从事科学研究的机构就有一个隶属于国家科学院；而农业科学院及农业政策部的科研机构占比基本在 15％左右（李谦如，2010）。

二、农业科研体系

乌克兰农业较为发达，农业科研体系发展较早，研究领域较为广泛，主要以国家农业科学院和各级农业高等院校为主力，此外还包括农业企业科研机构等。其中科学院所和农业高校等科研单位为该国农业科研的发展发挥着重要的推动作用，但其农业科研主要力量还是基本集中在国家农业科学院，而各地区农业高校主要负责农业科研人员的培养以及为农业科学发展提供储备力量，研究项目则由国家科学与知识产权委员会进行管理。

（一）国家农业科学院

国家农业科学院（Ukraine National Agricultural Science）是乌克兰工农业综合体系的科研基地、教学中心，也是农业统筹规划和协调中心。农业科学院以其"体系健全、阵容可观、成果杰出、潜力巨大"被认为是"最大、最强"的农业科研机构（杨光宇等，2009）。乌克兰国家农业科学院有六大分支机构，37 个科学研究所；科学研究所下属的处及实验站 56 个，其他科学机构 5 个，科技服务的财政组织 38 个，所属的实验农场 36 个，良种繁育农场 71 个，以上构成了乌克兰农业科学试验和生产加工的基础。此外，国家农业科学院拥有 56 000 个科学工作者，其中有 1 600 位科学副博士，395 位科学博士，88 位科学院士，112 位通讯院士，构成了该国农业科研体系中的骨干力量。

农业科学院主要任务是发展农业、林木业、食品加工业等领域的基础研究和应用研究，并对以上领域科学生产进行完善与开发，加速农业－工业的科技发展步伐。主要研究领域涉及作物和种子选育、育种与动物繁殖、兽医微生物学、动物流行病学、生态学、葡萄栽培、农业土地改良、动物生理学、昆虫学、土壤和农业物理学、农业化学、植物学、微生物学、遗传学、种植业产品初加工、动物营养与饲料科技、食品技术、植物病理学、鱼类学、生物技术、分子遗传学、园艺、草药学、畜产品生产技术等。相关国家农业科学院分支机构及所属主要科研单位见表 8－1。

表 8－1　乌克兰国家农业科学院分支机构及所属主要科研单位

分支机构	科研单位	主要任务
农业经济和粮食部	土地利用研究所 粮食资源研究所 农业经济研究所 CJSC 核算与拨款研究所 油脂研究所	进行经济基础的系统和全面研究，以有效地发展农业生产；为食品工业的有效运作提供科学支持，以确保国家的食品安全
兽医学系	畜牧医学研究所 兽医与动物饲养医学研究所 动物分离遗传学研究所 应用试验和畜牧临床医学研究所	确保与动植物禽类高危（紧急）疾病有关的可持续的动物卫生和生物安全，开发质量控制方法和手段以及畜产品安全性现代创新技术；建立国家参考实验室研究高危动物疾病
农业、土壤改良和机械化部	阿斯卡尼亚诺娃生物圈保护区研究所 生物技术工程学院 农业和环境研究所 水利问题和土壤改良研究所 灌溉农业研究所 喀尔巴阡区域农业研究所 农业微生物与农工产量研究所 土壤学与索科洛夫农业化学研究所 农业机械化与电气化研究所	发展区域农业并科学优化现代农业体系；开发和应用保护、改良土壤的技术；合理利用农业生态系统的自然资源潜力；开发利用水资源和开垦土地的技术、机械和技术系统、植物生长和畜牧业过程机械化、电气化和自动化的新技术手段；在农业领域组织开展科学和创新活动及相关工作；定期盘点和研究生态系统中当前的自然现象和过程；培训科研人员

（续）

分支机构	科研单位	主要任务
动物技术部	家禽国家研究站 动物生物学研究所 渔业研究所 M. V. Zubts 动物育种和遗传研究所 养猪业与农工产量研究所 动物繁育研究所 绵羊育种国家科学育种和遗传中心 普罗科波维奇养蜂业研究所 生物资源切尔卡瑟研究站	通过开展基础科学研究，对进行畜牧业生产的各类农场的管理提供全面的科学支撑；组织、进行和协调畜牧业应用科学研究，保持国内动物技术科学的竞争力，并为科技进步提供组织和科技方面的保障
创新科学研究部	布科维纳州农业实验站 沃伦州农业实验站 顿涅茨克州农业实验站 喀尔巴阡山脉州农业实验站 CJSC"提供创新研究所" 波列西耶西部农业研究所 东北农业研究所 黑海沿岸农业研究所 农业草原 NAAS 研究所 国家农业科学图书馆	通过增强农业科学的创新潜力，确保农业和工业园区的科学技术进步；在农业科学体系中形成创新变革的方法，提高科学密集型农业部门的效率，从而确保乌克兰农业工业综合体的创新发展和竞争力
植物学部	葡萄栽培与酿酒研究所 植物保护研究所 草原区国家农业研究所 育种和遗传研究所——国家种子生长和品种研究中心 马铃薯栽培研究所 牧草和农业研究所 蔬菜栽培与瓜类栽培研究所 流行病学研究所 植物工业研究所 生物能作物和甜菜种植研究所 米罗诺夫卡小麦研究所 油料作物研究所	组织农作物生产科学领域的科学活动和研究方法指导，包括农作物的选择和种子生产，保护植物免受疾病、害虫和杂草的侵害等；开发和实施现代技术用于研究谷物、药用作物、生物原料和其他植物产品生产；通过农业生产促进科学进步；为乌克兰农业综合企业提供新的有竞争力的作物品种以及现代农业技术的支持

（二）乌克兰国立农业大学

乌克兰国立农业大学是乌克兰农业学科和科研的高等教育机构的领导中心，是高等农业教育系统中最大的一所综合性农业大学。其以基辅工学院（KPI）的农业专业学科为基础设立，1918 年正式成为独立的农业学院，1923

年农业学院实际转变为农业学科教育机构，到 1992 年 8 月正式成立乌克兰国立农业大学。

乌克兰国立农业大学集教学、科研和生产于一体，现有在校学生 18 000 人，培养的学生层次依次为初级专家、学士、硕士和博士。大学内部结构包含 13 个系（学院）、2 个实习农场、3 个地区学院、3 个技术学校以及下属的 20 个科研实验室和研究所，还拥有 3 000 英亩肥沃的教学土地和森林。其中在植物生产和农业技术、农业经营、农业工程、森林与国土管理、动物科学、教育及培训等领域还成立了专门的研究中心。所设专业有：金融与信贷、农业管理、土壤管理、经济控制论、农业化学与土壤学、农业机械化、农业电气化、农艺学、植物保护、动物工程学、兽医学、森林学、农业生物、农业工程、渔业等。学校积极引进现代农业教育管理理念，将民主与集中、分散和综合结合起来，促进了学校管理的现代化、科学化。

（三）哈尔科夫国立农业大学

哈尔科夫国立农业大学是乌克兰农业教育和科学研究的重要基地之一，主要培养高技能、懂科学的农业专业人才，在提供有效的农业科学基础和实验研究的基础上培养了一大批乌克兰农工综合中心的专家。学校成立于 1816 年，发展至今已包含 6 个研究机构、15 个学院和技工学校以及 3 个国家农业科学研究机构。校内分为 3 个学院、7 个系、35 个教研组，有教职员工 400 名左右，其中博士和教授逾 30 名，还有 200 名副博士、副教授，每年招收学生近 2 000 人。研究生学习专业包括社会科学与行为科学、管理与行政、生物学等六大类学科，博士学习专业包括社会科学与行为科学、农业科学与食品等三大类学科。在一些学科的专业学习上，学校针对完成普通中学教育并获得学士学位的学生提供了特殊支持，支持包括教育学、生物学、自然科学、建筑学以及农业科学与食品等学科的多个专业。哈尔科夫农业大学具有完备的农业专业教学体系，为培养乌克兰农业专家提供了充足的条件，培养的博士研究生大多输送至世界各地从事农业科学研究。

（四）卢甘斯克国立农业大学

卢甘斯克国立农业大学是乌克兰最古老的大学之一，同时也是卢甘斯克地区农业教育、科研和文化的中心。学校成立于 1921 年，当时名为农业学院，经过几十年发展完善，于 2000 年进入乌克兰最好的十所农业大学之列，2002 年获得国立资质。学校师资力量雄厚，在成立后的 80 多年间，共培养人才 30 000 多人，在校学生 10 000 多人；教师中共有教授、博士 600 多名，副教授、副博士 500 多名。卢甘斯克国立农业大学提供多层次的教育模式，包括学士、专家、硕士、副博士、博士。学校共分为 7 个系，为农业系、兽医系、动物工程系、经济系、农业机械化系、土木工程系、食品技术系，主要涉及专业有农学、兽医、动物工程、农业机械、食品工程、经济、金融、管理、会计、国民建筑和土地规划管理等。

（五）乌克兰国立林业技术大学

乌克兰的林业教育始于 1874 年奥匈帝国农业部做出的关于在利沃夫市建立中等林业专科学校的决定，1939 年利沃夫综合技术大学开始设立林业系。在此基础上，1945 年唯一的一所高等林业院校——利沃夫林业技术大学成立。学校开设了林业技术经济系和木材机械加工系，随着林业科学的发展又增设了林业系、机械系和函授部，还对木材机械加工系进行了改造，并在此基础上组建了木材加工工艺学系，并在 1994 年建立了大学预科部和研究生部。

1994 年，乌克兰进行了高等院校的改革，在原利沃夫林业技术学院的基础上成立了乌克兰国立林业技术大学。学校共设置 29 个教研室，拥有 345 名学有专长的教师，其中不乏知名的学者教授、科学技术博士、副教授和副博士，主要研究领域涉及生态森林采伐、木材加工、林业机械、木材和木质材料的化学和机械加工工艺等方面。学校还拥有现代化的教学楼、科研实验室、计算中心、电教室、教学实习工厂、植物园、教学实习林场以及藏书超过 30 万册的图书馆。大学生们利用本校教师编写的教学参考书和教科书进行学习，并在教研室老师指导下在大学生科研社团和设计所从事独立的林业科研活动。

乌克兰国立林业技术大学在稳步发展中不断扩大自己的教学、科研实验和实习基地，学校已经成为林业、森林采伐和木材加工工业部门培养干部的教学和研究中心。学者们修订了国家级科技纲要《森林资源的更新、保护和合理利用》，还制定了与先进的林业森林采伐和木材加工企业共建教学—科研—生产联合社团的计划，这一组织为协调高校、生产单位和商业机构之间的相互关系提供了便利，有利于缩减预算拨款和提高科研人员的水平，也有利于运用大学生的力量为林业生产企业提供技术服务，促进科研成果在生产中的推广及应用

（任宗华，1997）。

第二节 农业科技与创新

一、农业科技概况

乌克兰的科技实力在航天、航空、造船、化工、冶金、材料等领域均处于世界先进行列，在农业、生物技术、新材料领域也有巨大的科技潜力。作为欧洲最重要的农业大国，乌克兰被誉为"欧洲粮仓"，不仅在粮食出口位居世界前列，在动植物疫病防控、肉类产品加工、作物种植、农业机械等方面的研究也均处于世界领先地位。从事研发的研发人员数量及划分见表8-2。

表8-2 乌克兰从事研发的研究人员数量（按学科划分）

单位：人

项　目	总数量		其中女性	
	2017年	2018年	2017年	2018年
从事研发绩效的员工人数（包括副职员工）	59 392	57 630	26 533	25 780
自然科学	16 593	16 301	7 337	7 013
技术科学	25 715	24 138	8 650	8 226
医药科学	3 759	3 966	2 455	2 587
农业科学	4 777	4 790	2 624	2 539
社会科学	5 945	5 939	3 905	3 910
人道主义科学	2 603	2 496	1 562	1 505

数据来源：《乌克兰国家年鉴2018》。

（一）科技体制

乌克兰科学技术的发展以各种不同的形式在不同的部门中进行，产业部门的重点放在应用研究和开发研制上，而基础研究则在科学院的各研究所中进行，其科技体制主要包括产业部门和科学院系统部门两大方面。

1. 产业部门

各产业部门的科技机构即为"部门科技"，是科技结构的最大部分，机构数量占比超过60%。机构内部实行垂直领导，直属于给它拨款的各个工业部门。这些科技机构的活动中，占主导地位的是技术工程类。工业部下属科研院所一半以上是国家所有制形式，科技人员占总数的 40％左右，其中 80％又集中在机械制造业类型的研究所。

产业部门的科技机构实行独立管理、独立经营核算，它们与国家管理部门的关系调整为合同关系，合同中明确规定工作项目的基本要求（技术任务、时限、资金数量等）。这些科技机构的性质也称为"公司式研究所"，其科技任务的范围包括为生产提供新工艺技术保障；革新现有的工艺、模型；研制试验产品；编制技术性文件等。但产业部门科技机构改制后，多年来并未带来组织结构的根本变化，它们仍隶属于主管部门。为解决这个问题，乌克兰进行了国家认证，对 1200 个产业部门科技机构进行资质认证，对集中在各产业部门机构的科技潜力做出全面评估，掌握其科技潜力分布，以便为乌克兰优先发展的科技领域选出应该重点给予财政支持的研究所。根据认证的结果，将从事科研和开发的产业部门的全部研究所，按优先程度和科技水平划分为四种类型。第一类科研机构可获得国家特别拨款。第二、三类由国家部分拨款，需要自己主动寻找订单。对于第四类研究所，国家不给予财政支持。

2. 科学院系统

科学院系统的研究机构最主要的任务是在科技各领域中全面发展基础研究。最初，乌克兰在科学领域内有两个科学院：乌克兰科学院（成立于 1918年，现改名国家科学院）和乌克兰农业科学院。后又组建了教育科学院（1992年）、医学科学院（1992 年）、人权科学院（1993 年）及其他科学院等。这些科学院按性质是属国有科技研发机构，自己独立行使管理权。科学院拥有的管理权限包括自主选择研究题目、决定自身的机构设置、决定有关科研组织、经营、人事的权力等，其运行经费主要来自政府投入以及相关公司和企业的资金支持。

国家科学院始建于 1918 年，是乌克兰最重要的科研部门，也是基础科学研究的重要基地。国家科学院聚集了全国院士、通讯院士、外籍院士及其各研究所的全部科技人员，共同进行自然科学领域中技术研究和社会人文科学的基础与应用研究，完成了乌克兰 90％以上的科学发现和许多广泛应用于工业、农业和文化的研究成果。从研究结构来看，国家科学院下设数学学部、信息计算技术和自动化学部、力学部、物理和天文学学部、地学学部、材料学和物理技术学部、动力物理技术学部、化工学部、生物化学生理学和理论医学学部、普通生物学学部、经济学学部等，各学部下辖若干相关领域的研究所，还设有中央科学自然博物馆、中央科技图书馆、利沃夫科学图书馆、科学展览馆、科学中心等。最高权力机构是常务委员会，拥有512名协会会员、通信会员以及130名国外会员。常委会休会时科学院的活动由主席团管理，主席团包括主席、副主席、科学部长和主席团成员，每五年选举一次。国家科学院的这些研究所同时还进行小型的商业活动和风险投资，进而可以促进科研成果的转化，实现了科研与实践的结合。

乌克兰农业科学院始建于1931年，是国家级自主经营科研机构。全院共有78位院士、102位通讯院士、53位外籍院士和13位荣誉院士。全院设有5个科研中心、52个研究所和11个试验站，共有200多个实验农场和农业企业，分布在乌克兰国家不同的生态区，农业试验用地约占52.9万公顷。主要从事的科研项目有果树、蔬菜、农作物新品种选育和高效栽培技术、生物技术、生态环境资源保护、水资源保护和土壤改良、微生物、农产品加工等方面的研究，农业科研成果不仅在本国推广应用，还在欧盟、独联体等其他国家推广，科研潜力巨大（赵念力，2015）。

（二）科技管理机制

乌克兰对科技领域的管理机制较为成熟，从不同层面设置了多个专门机构来进行科技研发活动管理，主要包括立法管理、执法管理、研究管理、拨款管理等几个方面。

在立法权层面上，科技发展和革新发展问题由专门的科学和教育委员会负责，委员会大多由权威的科学家和专家组成。1999年，乌克兰颁布了《科学和科学技术活动法》，随后又进行了修订，该法确定的科技界的基本活动范围是国家管理科技活动的法律依据，而有关乌克兰科技的规划问题均由国家总统直接领导的科学和科学技术政策委员会决定。该委员会的组成除权威学者外，还包括国家科学院的领导、各专科科学院的领导及各高校科研部门的代表。

在执法权层面上，国家科技政策的实施主要由乌克兰教育和科学部来完成。国家教育和科学部是国家主管科学技术的职能部门，其主要职能是制定国家科学发展规划和科学政策，组织和协调实施国家科学计划，代表国家执行科技拨款并管理国际科技合作。

在研究管理上，乌克兰的基础研究主要由国家科学院和一些部门科学院来协调。最初乌克兰只有唯一的一个部门科学院——乌克兰农业科学院，1991年以后建立了教育科学院（1992 年）、医学科学院（1992 年）、法学科学院（1993 年）等，这些科学院都具有自治的社会机关地位，在确定自己的研究方向、工作内容及内部机构的设置方面是独立的，且有权参加国家科技政策的制定。

拨款管理上，乌克兰建立了专门的基金会体系以管理科技拨款，例如国家革新基金会和基础研究基金会等，以对国家科技发展纲要中的项目进行拨款管理。但总的来说，对科学研究和革新活动的拨款管理体系并不完善。

（三）科技体制改革

科技体制改革的目的是要建立一个能够适应市场经济发展、低耗高效和具有创新能力的科学研究和科技发展体系。1991 年后，乌克兰科技体制的改革主要在三个方面进行。

第一，改革乌克兰境内的研究机构，使所有的研究机构变成独立的法人组织。改革的明显特征是以前的中央计划经济管理科研体制被打破，市场经济思想开始渗透；科研机构开始从单纯接受国家经费转向实行独立经济核算与财务自理；引进了新的科学家劳动报酬支付体系，使劳动所得与最终的科研成果相结合；科研成果开始商品化；出现了一些非国家性的科研机构与新的民间科研团体。

第二，分流科技人员，提高研究机构的工作效率。因为靠国家预算支撑的庞大的科研体系出现诸如机构队伍庞大、人员混乱等问题，许多科技人员的研究方向同实践脱离，难以转化成技术产品，对国家经济的发展起不到推动作用。因此，政府在减少科技支持预算的同时，也有意向科技人员提供其他机会，使得一部分科研人员走向社会和市场。同时，科研人员兼职的数量也在大大增加。

第三，确定科技发展战略，调整科技相关政策。为了解决国家在社会转型过程中出现的经济问题，乌克兰确定了科技发展优先领域，制定了科技发展计划；对科技计划、重大项目和课题经费的分配实行申报制度；调整了原有的科技政策，出台了一些新的促进科技发展的法律法规，其中最重要的是 1999 年国家议会通过的《乌克兰科技活动法》。

此外，为鼓励青年科学家积极为乌克兰的科学发展做出贡献，从 2006 年开始，乌克兰每年设立 25 个乌克兰总统奖金，金额为 1 万格里夫纳（约 2 000 美元），专门奖励在自然科学、技术研究和人文科学领域做出成绩的青年学者。乌克兰还设立了 60 个"天才奖"，鼓励有天赋的年轻人从事科学研究。

近年来，乌政府先后出台了农用地市场化改革、税收改革、优惠贷款、农业保险、农机具补贴等政策为农业科技成果的推广保驾护航，并不断完善基础设施建设，使生产能力不断提升（赵鑫，2021）。

二、科技创新

乌克兰的科技创新活动主要由科学技术领域的中央国家机关全权管理，主要运行机制是组织科技创新中心注册并进行评审鉴定。国家和地方各级财政预算进行经费活动支持，除此之外也会有预算外资金及个人和创新主体投资来推进创新活动发展。目前乌克兰在科技创新活动领域的主要法规有《乌克兰创新活动法》和《乌克兰科学和科学技术活动法》，以保护科技创新主体及促进技术创新进步。

（一）创新发展政策

为推动科技体制向现代化转变，乌克兰制定了一系列国家科技创新发展政策，借此带动国内科技转型，增加科技发展活力。1999 年，乌克兰议会通过了《乌克兰科技创新发展纲要》（以下简称《纲要》），首次提出了以科技创新为途径拯救与发展社会经济的口号。《纲要》是依赖科技创新发展经济的纲领性文件，也是在经济转型期促进科技发展的一个长期计划与目标，从科技创新发展的宗旨、科技创新优先发展方向、国家科技创新机制的完善、转变科学研究的功能与作用、经费保障等方面为其科技创新发展提供了法律保障。

1. 完善科技创新发展机制

科技创新发展的首要要求是完善国家科技创新发展机制。基于此乌克兰提出了诸多措施，主要包括：提高政府科技拨款在国家预算中的比重；加强促进国家经济发展的基础科学研究；完善企业中介体制，优化科研和生产单位组织机构；建立并发展科技中介组织的法律基础；完善创新组织机构，促进新技术、新工艺在生产上的应用等。

2. 科技创新激励政策

乌克兰激励全国研究机构和科技单位科技创新的相关规定主要有：对从基础研究到新产品的各个创新阶段提供优惠政策；对从事创新活动的企业、组织与个人应上缴的税收中返还 25％，用于支持其科研与技术的开发；对执行国家科学和创新发展基金、国家基础研究基金、各领域各部门创新基金、技术开发和生产设计基金、地方科技发展基金，以及完成国际合作和社会公益性科技生产计划的企业、组织和个人免征利润税；对利用国家预算基金完成科研任务的单位免征外汇税；对雇工 500 人以下的科技型中小企业，在利用国家创新基金时，享受其基金贷款偿还减免 25％ 的优惠，用于新技术的开发与设备的购置；对从事科技人员职业培训与继续教育的单位免税。

3. 银行和金融业鼓励政策

在银行和金融行业也对科技创新活动进行了相关政策倾斜和鼓励，主要有：建立专用创新银行和长期信贷基金，对其发放贷款用于支持科技创新活动时，免征增值税；对于商业银行用于高新技术项目的长期贷款，降低利润税；建立国家风险担保机制，支持中小企业开发科技创新产品；利用商业银行购买企业股票时减免利润税的措施鼓励商业银行向生产高新技术产品的企业贷款；对于给科技产品项目长期贷款的单位，银行可降低其责任储备基金比率。

4. 科研经费保障政策

为更好地发挥国家对科技创新活动的支持作用，乌克兰逐步加大了经费预算支持。政府科技拨款逐渐提高到世界发达国家的水平。对有重大社会意义的基础研究、长期应用研究、重大国家科技计划和国际合作项目由政府提高经费保障，建立了多渠道、多方式科技经费来源，在应用技术项目开发上实行合同制方式等。

（二）企业技术创新

企业是技术创新的主体。为推动国家科技创新体系的发展，乌克兰在原国家创新基金及其地区分支机构的基础上建立了"乌克兰国家创新公司"（以下简称"国家创新公司"），从组织结构上完善国家支持企业技术创新体系，建立一个以企业创新为主体的技术创新网络。"国家创新公司"归属国家教育科学技术部，下设 27 个分布在各地区的分支机构和 1 个鉴定中心，还包括在计算机与卫星通信技术的基础上建成的乌克兰全国合作信息网。"国家创新公司"

的基本任务主要包括制订国家财政、投资措施以及物质材料支持新技术、新工艺在生产应用中的措施；负责国家、部门和地区科学研究计划中创新项目的选择；组织高新技术产品的研制开发；为高新技术产品应用于生产提供经费支持；支持小企业、公司新技术、新工艺的开发；推广、宣传科学技术成果，组织高新技术成果的展览；组织地区企业创新活动等。

"国家创新公司"是乌克兰国家财政支持企业技术创新的唯一机构，经费来源是企业以税收的方式上缴的创新基金，总额度每年大约在一亿美元左右，但为非银行金融机构。"国家创新公司"向企业提供的贷款是无息的，提供贷款的条件是企业具有技术创新项目和保证按时返还提供的无息贷款。企业的技术创新项目的选择由"国家创新公司"的鉴定中心确定。事实上，"国家创新公司"的建立在一定程度上大大促进了乌克兰技术创新的发展。

除"国家创新公司"之外，为推动科技体系尽快向创新、独立的现代化体制转变，乌克兰还给予企业科技机构一系列支持政策和措施，主要涉及贷款支持及相关税法等方面。一是鼓励科技创新研究单位进行创新贷款。乌克兰银行对设立了创新技术促进机构的单位进行出资支持。如果有两个及以上的民间小型企业一起从事科技创新研究及开发，银行就对其提供90%的贷款；如果是专门从事尖端科研创新技术研发的非大型企业，则对其提供科学技术研究发展中所需要的贷款（研发项目若成功，科研机构则按年利息7.2%的比率给付利息；研发项目若不成功，则科研机构无须交付贷款利息）。二是建立相关的税法补助机制。在各类型的科技机构中逐步推行重要科研补助制度、大型科学技术研究制度、科研构想期技术开发补助金制度、实验室研究费税额扣除机制以及中小型企业科研强化基础税制等。其中，实验室研究费税额扣除机制中规定：法人（或个人）每个年度扩充的19%可从法人（或个人）的所得税中抵消，以用于实验研究的科技创新经费的最高额度为基础，但用于抵消的金额不能够高出应该交法人税总和的10%。针对中小型科技创新机构的科研基础强化税制规定：实验研究费用总额的6%可由中小型企业在个人所得税或法人税中扣除，但是扣除金额上限是所得税或者法人税的15%。

（三）科研生产一体化

该国在具有优势的科技领域建立了一批科技创新的基地，以发展科研生产一体化的经济组织形式，为技术创新建立突破口。

1. 建立国家级技术园区

从 2000 年起，乌克兰陆续建立了多个国家级技术园区。技术园区依托实力雄厚的研究所建立，不仅有着很高的基础科学研究水平，而且科研成果与生产的结合比较密切，产学研的结合比较完备，许多高新技术产品销往国外。技术园区的作用在于完成项目工程的投资和创新活动，开发高新技术产品和科技工艺；优先发展方向是生产有竞争能力的高新技术和创新产品，供应国内市场。技术园区必须在完成优先发展方向项目的前提下享受国家提供的特殊政策制度，如果技术园区在未完成合同或者利用优惠政策从事与技术园区投资和创新无关的活动时，将按有关规定恢复征税，并进行严重处罚。

技术园区从 2000 年 1 月 1 日起享受国家特殊政策，期限 15 年，技术园区的子公司、合资企业享有同等待遇，可享受的优惠政策主要包括特殊的税收政策和国家支持政策两个方面。一是技术园区在完成投资和创新项目活动过程中所得的利税、出售高新技术产品和提供服务等所得增值税不上交国库，用于园区的自身发展。二是国家对外国政府、外国银行、国际货币组织以及其他金融机构向技术园区提供的贷款实行担保，技术园区在吸引国家创新基金和地区创新基金上具有优先权，在进口原材料、资料、仪器和其他设备时免征关税和增值税等。

2. 建立经济特区与科学生产区

为了发展科研生产一体化的经济组织形式，乌克兰在 50 个地区建立相应的科学生产区，如基辅州的斯拉乌季奇经济特区、里沃夫州亚沃罗夫经济特区等。经济特区的开发期限一般为 15～25 年，能够享受一系列的税收优惠政策，包括优惠的利润税率、附加税率、消费税率以及税务信贷。通过经济特区与科学生产区的地域优势吸引外资和先进技术，缩短"研究—开发—生产"的环节，在地域上促使科研物质资料与科研人员的结合，为中小型科技企业的发展提供创新环境，2020 年，基辅州开始注册农业科技园区，园区将种植国内外有需求和竞争力的有机产品，这对基辅的科学技术创新发展具有重要意义。

乌克兰农业科技的发展主要由各产业部门和科学院系统部门来推动，其中国家科学院是科技发展的主导力量。在科技管理机制方面，乌克兰管理部门较为完备，在立法、执法、研发、拨款等几个方面分工明确，各领域都有专门的部门负责。国家对科技体制进行改革，不仅将研究机构改为法人组织，还精简了研究机构人才队伍，制定实施了一系列新的科技发展政策与法律法规。国家还鼓励企业进行技术创新和科研生产一体化，以推动国家科技创新的发展。但由于乌克兰科技经费拨款较为有限，一些研究机构和高校不得不自行筹措资金，一定程度上削弱了科技创新发展与进步的势头，不利于乌克兰农业科技成果的转化和科技水平的提高。

近年来，随着政治环境渐趋稳定，乌克兰经济逐步复苏，国内企业创新积极性有所增强，根据乌克兰国家统计局发布的 2018 年工业企业创新活动指标分析，全乌参与调查统计的 4 733 家企业中，积极开展工业创新活动的企业有 777 家，其中从事食品、饮料和烟草制品生产的企业开展创新活动数量最多，这也为乌克兰经济发展注入了新的活力（苗雪婷，2021）。

第三节　重大农业研究计划

乌克兰针对农业推出了众多重大农业研究计划，包括农业部门发展计划，涉及农产品和食品加工业等方面，这里仅选取最有代表性的农业计划进行具体说明，分别为至 2022 年的国家农业部门发展目标计划；至 2026 年的乌克兰发展农产品、食品和加工业出口战略；至 2030 年的灌溉与排水战略以及至 2050 年的低碳排放发展战略。

一、至 2022 年的国家农业部门发展目标计划

该计划旨在为农业部门高效发展创造经济条件，稳定提供农业原料和劳动力，生产高质量和安全的农产品，增加高附加值农产品的产量，加强乌克兰在世界农产品和粮食市场上的影响力。该战略的主要执行领域包括：

（1）促进农业科技发展，为农业活动提供经济有效和生态安全的环境。促进农业机械设备生产水平的提高，推进农业生产技术现代化。提升新型农产品生产和深加工能力，推进现有设施现代化，特别是在有机生产、园艺、畜牧业、葡萄栽培、婴儿食品等领域。引进有效的渔业和水产养殖发展机制，使用国家级渔业水利设施繁殖水生生物资源，尤其要保护脆弱物种。为国内农业生产者提供现代育种技术、动植物育种（遗传）资源，并增加其出口潜力，维护国家农场动物登记数据，引入评估动物育种价值的系统，建立关于育种（遗

传）资源的自动化信息数据库。

（2）构建专门为农业生产服务的现代金融和信贷体系，加大国家对农业生产的财政支持力度。在农产品市场上引入股票和其他金融工具（期货和远期合约等），完善信贷保险体系，加大国家对农业风险保险的支持力度。改善税收制度，坚持公共财政收支公开透明，采用新的国家支持手段，提高国家干预农产品市场活动的效率。

（3）保护耕地，防止农业用地退化。对土地使用者（所有者）实行经济激励，加强对农业用地的控制和保护。实施防治农地退化和荒漠化的措施，包括对农用化学品的使用进行监测和认证、保护低产和受到污染的土地、采用节能技术以及现代电力系统、恢复和发展农业循环系统等。

（4）促进农业经济部门的多样化，提高农产品市场的组织和自律水平，综合发展农村地区。支持农业生产者协会的创建和运作，向农工综合体中的自律组织下放权力。支持农场、中小型农业生产者和农业合作社的发展，为他们提供农业咨询服务，重点与以农民为主体的中小型农业生产者直接合作，促进他们适应竞争的市场环境。

（5）探索一套把国内农产品推向国际市场的系统方法，提高国内农产品在国际市场的竞争力。使乌克兰农业领域立法与欧盟相适应，在食品质量安全领域，采用基于危害分析和关键控制点（HACCP）的认证体系、食品生产和加工原则等。同时引入实时业务咨询系统，以解决欧盟市场上的贸易问题。

（6）降低能源消耗，减少农业生产对进口燃料和能源的依赖。在食品加工业中引进节能环保的农产品深加工技术，鼓励涉农企业生产或使用生物燃料和清洁型原材料。

（7）加强对动物疾病的监控，预防和消除非洲猪瘟。对现有养殖工厂进行现代化改造，合理处理和利用动物粪便。监测动物、动物源产品和饲料中兽药和其他污染物的残留量，创建和组织牛海绵状脑病监测系统，及时从国际兽疫局掌握各类传染性疾病的风险控制状况。

（8）对保护生物多样性的行为给予奖励，采取措施将营养过剩造成的环境污染降低到不损害生态系统和生物多样性的水平。保护植物、农业和驯养动物及其野生近缘种栽培品种的遗传多样性，尽量减少遗传侵蚀并保护农业生物多样性。实施有关森林繁殖和保护的措施，提高其生产力，保护森林生物多样性。打击非法捕鱼，确保水生生物资源的捕捞和管理方式是科学的、有节制的、可持续的，避免过度捕捞，降低对濒临灭绝物种的负面影响，保护水生生物多样性。

二、至 2026 年的乌克兰发展农产品、食品和加工业出口战略

该战略的主要目标是在满足国家粮食安全要求的前提下，考虑到不断增长的外部需求和该行业尚未实现的出口潜力，确保乌克兰在世界粮食市场上的积极影响力。该战略的主要目标和执行领域包括：

（1）发展现有市场，促进市场多元化发展。加强农业政策部门与工农业协会的沟通，深化双方在农产品、食品和加工业领域的合作关系，在生产实践中推广新技术和方法，提高生产者对市场趋势、消费者偏好、生产技术、种植、储存、加工、运输等方面的认识水平。

（2）提高产品竞争力，扩大产品出口范围。改善农产品、食品和加工业国际贸易发展的组织、经济和法律条件。政府组织贸易代表团进行国际谈判，改善农业出口在东道国的市场准入条件，加强在国际市场上代表和保护国内生产商和出口商利益的能力。向国内农产品、食品和加工业出口商提供更广泛的政策支持，促进国外市场发展扩大，打造乌克兰农业领域的绿色地理品牌。根据乌克兰与欧盟、欧洲原子能共同体及其成员国之间的联合协议，提高农产品生产领域的质量标准，在农产品安全领域采取更严格的卫生和植物检疫措施，对水生生物资源来源的法律要求与欧洲保持一致。

（3）为农产品、食品和加工业出口提供信息支持。给农业生产者和加工者提供国外市场需求信息和市场准入信息，包括法律法规、海关程序、行业标准和技术条例等方面；并引进新的评估工具，评估主要农产品、食品和加工业出口潜力和国外市场潜力。

三、至 2030 年的灌溉与排水战略

该战略旨在恢复灌溉和排水系统的潜力，以进一步增加灌溉和水管理面积，为实现农业生产最高效率和环境安全水平提供保障。在该战略实施完成后，农作物单产预计将提高 2 到 3 倍。目前灌溉和排水系统的恢复是农业经济部门发展和乌克兰出口潜力增加的关键，最大程度地降低了气候变化对乌克兰

社会经济发展进程的影响。

该战略的目标将通过以下方式实现：

（1）以流域水资源综合管理为基础，改革排灌公共管理体制，并将水资源管理职能从基础设施管理职能中分离出来。

（2）恢复和增加灌溉土地和排水系统涉及的面积，同时保护流域内水土环境，使生产区和居民区免受水文灾害。

（3）推进农业领域公私合作机制，鼓励利益相关者参与到公共政策相关领域的决策过程中。

（4）提高排灌服务的质量并提升排灌设施进出口关税形成的透明度，为提高本国农业生产在世界市场上的竞争力创造先决条件。

（5）支持科学研究，培训专业水利人员。

四、至 2050 年的低碳排放发展战略

低碳排放发展战略的目标是根据向低碳排放增长轨迹过渡的国家优先事项，确定乌克兰经济可持续发展的战略方向。具体战略目标如下：

（1）转变原有能源使用方式，向低碳能源系统过渡。推广低碳能源，开发清洁电力和热能；提高各经济部门、家庭部门和社会公共部门的能源效率；在交通运输行业，鼓励使用新能源替代原化石燃料，向更清洁环保的方向发展。

（2）大力发展农业和林业以增加碳吸收，减缓气候变化。

（3）减少与化石燃料使用、农业和生产生活废弃物有关的温室气体排放，如甲烷气体和氮氧化物等。

低碳排放发展战略在农业方面的政策和措施主要包括改进动物副产品处理过程和优化农作物施肥系统。首先，改进动物副产品处理过程的具体措施包括：①起草有关改进动物饲养过程的国家提案。提高动物喂养饲料的能量转换效率，抑制甲烷的生成；②给予采用先进粪便处理技术的企业一定奖励。鼓励各类农业企业采取改良的粪肥处理、储存和使用技术，例如避免在存储过程中与空气接触，从而减少营养物质的损失，并减少一氧化二氮的排放。其次，优化农作物施肥系统的具体措施包括：①提高化肥使用效率。在施用化肥和其他化学物质时采用科学合理的技术，减少一氧化二氮的排放，因为植物的氮过剩可能进入地下水或被排放到空气中；②改进农业用地用水技术。采用适当的用

水技术，防止氮气被水冲出并排放到空气中。

作为世界上著名的教育强国，乌克兰的教育体系为科学研究的发展奠定了良好的基础。该国教育体系完备，包括基础教育、中等教育、职业教育及高等教育，确保了学生基础科学的掌握和专业实用技能的训练；教育体系的管理分工明确，中央政府各部门统一管理的同时，高等院校还拥有一定的自主权，能够从顶层设计和底层实践两方面出发促进国家教育水平的提高；教育立法也较为全面；农业领域的专门教育出现较早，农业教育体系呈阶梯式，建立了多层次农业专业人才培养结构，发展也较为成熟。

第九章 CHAPTER 9
中国与乌克兰的农业合作 ▶▶▶

乌克兰是世界三大黑土地分布区之一，黑土面积占全世界黑土总面积的30％，拥有丰富的农业资源，但农业生产模式较为粗放。中国人多地少，农业技术实力雄厚，精耕细作经验丰富。双方在农业领域的合作存在天然的互补性，在农产品贸易、农业科技以及农业投资等领域有着广阔的发展前景。近年来，中国与乌克兰建立了长期稳定的合作关系，通过签署贸易协定、建立合作平台等方式推动了地区间农产品贸易规模与农业投资规模的不断扩大，农业政策的协同发展，促进了农业技术的互相提升。双方签署的《中华人民共和国政府和乌克兰政府关于共建丝绸之路经济带和21世纪海上丝绸之路的合作规划》和《中国—乌克兰农业投资合作规划》均取得了丰硕的成果。本章通过梳理乌克兰与中国的农业合作历程，总结中乌农业合作现状，为加强中乌的农业合作提供对策与建议。

第一节 农业合作历程

中国与乌克兰的农业合作始于1992年——中乌建交之年。回顾过去28年两国的农业合作历程，总体发展趋势较为乐观，大致可以分为以下三个阶段：起步阶段（1992—2003）、平稳增长阶段（2004—2013）和高速发展阶段（2014—2020）。

一、起步阶段

1992—2003年中乌关系发展以外交为主，经贸为辅，农业合作处于起步阶段。这一阶段的农业合作主要以农业政策沟通和农产品贸易为主。1991年8

月 24 日乌克兰宣布独立，1992 年 1 月 4 日，中乌两国发表建交联合公报，随后签署了中乌经济贸易合作协定，并互设商务代表处，确定在经贸合作上互相提供最惠国待遇，中国与乌克兰正式建立大使级外交关系。两国最高领导人互访频繁，签订了一系列政府间协议，这为两国关系的顺利发展奠定了法律基础。为使两国经贸关系顺利发展，中乌双方采取了一系列措施，包括但不限于在经贸合作问题上相互提供最惠国待遇；在对方领土上开设公司、银行和其他对外经济活动参加者的代表机构，并协助其开展活动；发展投资方面的合作，在各自境内建立合资企业，并促进双方对外经济联系参加者在第三国市场上进行合作；促进两国各地区、各企业之间建立直接联系（包括在互利基础上交换商品）；在文化、科学、教育、体育和旅游方面促进合作与交往，促进有关组织、团体及个人之间的直接接触。1992 年 8 月，中乌两国领导人开展高层互访，以中国人大常委会副委员长为首的中国人大代表团访问乌克兰，10 月，乌克兰总统正式访问中国。访问期间，中国和乌克兰签署了以下 10 个文件：《中乌两国领事条约》《两国互免签证条约》《两国外交部磋商议定书》《两国政府关于两国间条约和协定使用文字的谅解备忘录》《两国政府文化合作协定》《两国卫生部与医学科学合作协定》《两国关于民事和刑事司法协助的条约》《两国政府关于建立中乌政府间经贸合作委员会的协定》《两国政府关于鼓励和互相保护投资协定》《中国向乌克兰政府提供政府商品贷款（5 000 万元）的协定》。双方还签署了两国政府关于建立航空运输的纪要。1994 年 9 月，中华人民共和国主席出访乌克兰，强调"中乌彼此视为友好国家"。在两国政府的共同努力下，中乌两国关系向前推进了一大步，促进了彼此相互了解，双方都认为两国合作的前景广阔（马贵友，2003）。1994 年，双方的贸易额超过 8 亿美元，其中，农产品贸易额为 2 942.50 万美元（UN Comtrade）[①]；到 2004 年，双边贸易额达到 24.88 亿美元，其中，农产品贸易额为 6 304.22 万美元。中国于 2004 年逆转了自两国建交以来对乌克兰的贸易逆差状态，对乌贸易出现贸易盈余（黄佳琪，2014）。可以看出，中乌外交关系的确立为双方的经贸合作打开了沟通渠道，双方经贸稳步发展，但是，农产品贸易在双边贸易总额中占比较低，农业合作仍处于起步阶段。

---

① 农产品统计范围的界定采用的是《联合国国际贸易分类标准》（Standard International Trade Classification）的商品分类方法（SITC Rev. 3），选用一位和二位统计农产品类别，具体农产品分类见表 3 - 1。

二、平稳增长阶段

2004—2013 年是中乌农业合作的平稳增长阶段，此阶段双边农产品贸易额不断增加，农业投资规模不断扩大，各方面处在稳定增长时期。从 2004 年起，中国和乌克兰的经济发展都进入了平稳增长阶段。2004—2013 年，中国和乌克兰已经签署了许多向中国市场供应谷物、肉类和肉类产品的合同。为此，中方已采取多项措施对乌克兰农产品进行认证。中国和乌克兰的双边贸易此时也进入了稳定增长阶段。双方在发挥农产品互补性优势的基础上扩大贸易合作的领域，中国在这一阶段内成为乌克兰在亚洲的第一大贸易伙伴。此阶段中乌合作形成了以农产品贸易合作为主，农业投资、农业科技合作逐步深化的局面。

根据乌克兰国家统计委员会统计，2004 年乌克兰对外商品和服务贸易总额为 690 亿美元，与 2003 年相比增加了 172 亿美元。在对外贸易总额中，商品贸易占 89.4%，服务贸易的比重为 10.6%（中华人民共和国驻乌克兰大使馆经济商务处，2005）。其中，中乌进出口贸易总额 24.88 亿美元，农产品贸易额 0.63 亿美元，占比仅为 2.53%。根据乌克兰国家统计局统计，2013 年乌克兰货物贸易逆差为 136.52 亿美元，与 2012 年相比减少 21.96 亿美元。乌克兰货物贸易总额 1 402.76 亿美元，同比下降 17.15%。其中出口货物总额 633.12 亿美元，同比下降 8%；进口货物总额 769.64 亿美元，同比下降 9.10%。到 2013 年，中乌双边贸易总额突破 100 亿美元大关，进出口贸易总额达 106.3 亿美元，农产品贸易总额为 9.68 亿美元（UN Comtrade），占比达到 9.11%。两国间的经贸合作总体发展前景较为乐观，双边农产品贸易额占贸易总额的比重从 2004 年的 2.53% 上升到 2013 年的 8.70%。

2011 年中乌两国建立了战略伙伴关系。同年，为了扩大中国和乌克兰在农业领域的合作，成立了农业领域合作小组委员会（以下简称小组委员会），这是国家之间双边合作的重要机构。作为小组委员会活动的一部分，中国和乌克兰的农业部之间就农业工业联合体领域的合作发展进行了深入对话。2012年，中国进出口银行批准向乌克兰提供 30 亿美元农业贷款，两国设立了一个联合建设项目基金。2013 年 12 月乌克兰总统访华，两国元首共同签署《友好合作条约》和《关于进一步加深战略伙伴关系的联合声明》。2012 年 5 月 25日，中乌合作委员会农业合作分委会第二次会议在乌克兰基辅举行，中国进出口银行、中国成套工程有限公司与乌克兰财政部、乌克兰国家食品粮食集团共同签署金额达 30 亿美元的中乌农业领域合作框架协议。同年，中国进出口银行与乌克兰 PJSC 国家粮食与谷物公司签署了 30 亿美元的贷款协议，优惠利率为 4.5%，为期 15 年，有 5 年的宽限期。乌克兰有义务每年向中国供应 2 万～250 万吨玉米。该协议的签署为乌克兰在中国市场上销售谷物创造了有利条件。到 2013 年，新疆生产建设公司（中国）和乌克兰 PJSC 国家粮食和谷:物公司签署了合作备忘录，以支持农业优先项目，预计中国在乌克兰农业领域的投资将超过 26 亿美元。双方实施的一系列举措，为农业企业创造了新的就业机会，为公民提供了高质量的食品，也提高了乌克兰农业部门的出口潜力。自 2013 年以来，位于乌克兰北部切尔尼希夫地区的纳乌莫夫卡（Nau-movka）附近的"中国—乌克兰农业公司"开始运营。该企业的主要经营范围包括：养殖奶牛、种植谷物和工业作物、种植蔬菜和甜瓜以及块根作物、种植石榴和核果[①]。2004—2013 年中国和乌克兰农业合作频繁，双方积极开展农用物资出口合作和粮食贸易加工合作，共同建设开发农业灌溉设施、饲料加工、粮库建设等合作项目，为进一步合作奠定了坚实的基础。

三、高速发展阶段

2013 年至今是中乌农业合作的高速发展阶段，这一阶段中乌农业合作迎来了全面升级，协议签订规模、农产品贸易规模、农业投资规模均迎来了建交之最。自 2013 年 9 月和 10 月中国国家主席分别提出建设"丝绸之路经济带"和"21 世纪海上丝绸之路"的合作倡议以来，中国与乌克兰的农业合作迎来了新的高速发展阶段。乌克兰是最早支持"一带一路"倡议的国家之一，2013 年，中乌双方批准《中乌战略伙伴关系发展规划（2014—2018 年）》，两国元首共同签署了《中华人民共和国和乌克兰友好合作条约》《中华人民共和国和乌克兰关于进一步深化战略伙伴关系的联合声明》，并签署了多项两国政府经济技术合作协定的合作文件。2014 年，两国签署有关乌克兰参与"一带一路"建设的双边议定书，明确了农业是双边合作的主要方向之一。

---

① Китайские инвесторы добрались до украинского села. URL: https://inventure.com.ua/news/ukraine/kitajskie-investory-v-ukrainskom-sele（дата звернення：18.12.2020）.

据乌克兰海关统计，2013年中乌双边贸易额为106.3亿美元，增长9.8%（《乌克兰货物贸易及中乌双边进出口报告》，2013）。其中，双边农产品贸易9.68亿美元，占比9.11%。乌克兰对中国出口27.3亿美元，增长53.4%；自中国进口79.0亿美元，基本与上年同期持平；乌方贸易逆差51.7亿美元，下降15.5%，中国为乌克兰第三大出口市场和第二大进口来源地。2013年，乌克兰自中国进口与上年同期基本持平，对中国出口增幅为53.4%，而乌克兰自世界的总体出口和进口均有所下降。其中，矿产品为乌克兰对中国出口的第一大类产品，出口额为17.9亿美元，增长24.5%，占乌对中国出口总额的65.6%。动植物油脂是乌对中国出口的第二大类产品，出口额4.4亿美元，增长508.9%，占乌对中国出口总额的16.1%。作为乌对中国出口的第三大类产品，机电产品的增幅也很大，为178.0%，占乌对中国出口总额的8.1%。乌克兰自中国进口的主要产品为机电产品、贱金属（与贵金属对应）及制品和纺织品及原料。其进口额分别为28.2亿美元、9.4亿美元和8.2亿美元，分别减少1.5%、增长40.6%和减少5.7%，分别占乌克兰自中国进口总额的35.7%、11.9%和10.4%。此外，中国的鞋靴、伞等轻工产品，家具、玩具、杂项制品和陶瓷玻璃，分别占乌克兰进口市场的79.1%，50.9%和23.7%，具有绝对竞争优势。在乌克兰机电产品进口中，中国居乌克兰进口来源的首位，占乌克兰该产品进口市场份额的22.6%，高出居第二位的俄罗斯6.3个百分点（《乌克兰货物贸易及中乌双边进出口报告》，2013）。

中国国家主席曾就进一步深化中乌关系提出四点建议。第一，加强高层交往，增进战略互信。密切两国政府、立法机构、政党交往，拓展政策沟通渠道，就双边关系中的重大问题及时交换看法，凝聚共识。在涉及国家主权、独立和领土完整等重大问题上坚定支持彼此，支持对方自主选择的发展道路，支持对方为实现发展振兴所作的努力。第二，扎实推进务实合作。充分发挥中乌政府间合作委员会作用，加强农业、能源资源、基础设施建设、金融、高技术等领域合作，稳步推进大项目合作。希望乌方为中方企业营造更加优越、便利的环境。第三，不断扩大人文交流。加强科技、教育、文化、卫生、体育、旅游等领域交流合作，扩大人员往来，组织好两国儿童交流活动，增进相互了解。第四，密切在国际和地区事务中的协作。促进建立公正合理的国际政治新秩序，共同应对全球性挑战，维护共同利益。然而，乌克兰危机对中乌经贸合作造成了一定冲击，一些双边合作计划和项目被迫搁置。

157

　　2017 年 1 月中乌两国元首在达沃斯举行会晤，双边关系翻开新的一页。同年 8 月，小组委员会第六次会议于基辅举行。双方表示中国和乌克兰之间的合作正在逐步扩大，中国已经成为乌克兰第三大农产品出口国。中国市场开始向乌克兰出口冷冻牛肉、樱桃、鸡蛋产品、禽肉、蜂产品、油菜籽、小麦、蓝莓、高粱和苹果等。乌方还希望早日签署向中国市场出口葵花粉和甜菜浆的协议。双方确定了在农业部门开展联合项目可能的领域，特别是基础设施和物流发展方面的合作、兽医和植物检疫领域的更积极和紧密的合作、科学技术发展和绿色能源领域的经验交流。中方对在遗传和育种、畜牧业发展、可再生能源领域的联合工作表现出兴趣，这将大大扩大中乌贸易和投资合作[①]。12 月，中乌政府间合作委员会第三次会议召开，中乌关系迎来新的发展契机。双方签署了《实施"一带一路"倡议的行动计划》和《农工综合体投资合作计划》，旨在充分挖掘两国农业投资合作潜力，指导两国企业充分扩大农业领域相互投资，实现优势互补、互利共赢。根据计划内容，双方将按照"政府引导、市场运作、企业主体"的原则，鼓励两国企业通过多种方式开展农业投资合作，推动重大项目攻坚，不断提高两国农业投资合作水平（商务部，2017）[②]。中国与乌克兰在农工联合体投资合作计划的主要目标是：在农业生产的所有生产链中扩大投资合作，改善农业基础设施，提高农业资源利用效率和农业生产力，并促进两国农业现代化的发展进程。在 2018 年底，中国在乌克兰农产品进口国的排名中排名第二。在乌克兰对中国出口的总体结构中，农业食品占比最大，在 2018 年占据了 53% 的份额[③]。

　　2020 年 12 月，中乌两国政府签署了《中华人民共和国政府和乌克兰政府关于共建丝绸之路经济带和 21 世纪海上丝绸之路的合作规划》，该合作规划包括合作背景、合作原则、合作重点、保障机制以及其他等五个部分内容，涉及中乌双方在贸易、交通基础设施、产业投资、农业、能源、金融、科技、人文、卫生等重点领域合作任务，为推动中乌两国务实合作明确了行动指南，中乌农业合作迎来了新的发展机遇。

---

　　① Міністерство закордонних справ України. URL：https：// mfa. gov. ua （дата звернення：15. 12. 2020）.

　　② http：//www. scio. gov. cn/31773/35507/35519/Document/1613364/1613364. htm.

　　③ Українська Асоціація Аграрного Експорту URL：http：//uaexport. org （дата звернення：21. 12. 2020）.

总的来看，从 2013 年"一带一路"倡议提出以来，中乌两国在农工领域开创了广阔的合作前景。中国和乌克兰已经签订了大量涉及谷物、肉类和肉制品供应的合同。可以看出，随着农产品贸易的不断发展，各类农业投资协议的签订，中乌农业合作已经进入高速发展阶段[①]。

第二节　农业合作领域

中国与乌克兰农业合作历史悠久，在资源禀赋和贸易需求等方面具有较大的互补性，同时，"一带一路"倡议的提出更为双边农业合作提供了新的契机。为了扩大中乌在农业领域的合作，两国共同成立了农业领域合作小组委员会，这是两国在国家级开展双边合作的重要机构。在小组委员会的活动框架内，中乌两国农业部就发展农工综合体领域的合作进行了密集对话，特别是在向中国市场供应乌克兰农产品、提高两国农产品的生产率和质量、农业科技合作、农业投资合作以及向乌克兰供应植物保护产品等方面[②]。双方积极开展的农用物资出口合作和粮食贸易加工合作，共同建设开发的农业灌溉设施、饲料加工、粮库建设等合作项目，为乌克兰农业及能源工业的发展做出了巨大贡献。（当前）双方处于农业合作的黄金时期，在农产品贸易、农业科技、农业投资以及人文交流等四个领域开展的农业合作能够实现双方优势互补，互惠双赢。

一、农产品贸易

（一）双边贸易现状

中国与乌克兰自 1992 年建交以来，两国关系发展顺利。2011 年建立中乌战略协作伙伴关系，双边各领域合作不断深入推进。2011 年、2012 年、2013 年连续三年中乌贸易突破百亿美元，较建交之初翻了 45 倍。两国贸易结构不断改善，投资合作显著增加，双方在农业、能源、基础设施等领域的经济技术合作稳步推进。中乌经贸关系正步入贸易、投资、生产合作协调发展的新阶段（中国国际贸易促进委员会，2014）。

---

①② Міністерство розвитку економіки, торгівлі та сільського господарства України. URL：https：//www.me.gov.ua/? lang=uk-UA（дата звернення：15.12.2020）.

根据乌克兰国家统计局的数据[①]，2019 年乌克兰与中国的贸易额为 127.9 亿美元，同比增长 30.4％，其中乌克兰对中国的货物出口为 35.9 亿美元（同比增长 63.3％），中国输往乌克兰的商品总额为 920 亿美元（同比增长 20.9％）。2019 年，乌克兰对华出口结构如下：矿石与灰渣占比 32.8％；谷物作物占比 23.9％；油脂占比 20.6％；食品工业的残留物和废弃物占比 7.6％；机器占比 4.9％。在从中国进口的总体结构中，以下商品占主导地位：电机占比 34.5％；机器占比 16.8％；塑料、聚合物材料占比 3.8％；交通运输类（铁路除外）占比 3.4％；玩具占比 3.0％；鞋类占比 2.9％。其他非主要商品共占 35.69％。

中国与乌克兰之间的贸易和经济合作受到《乌克兰政府与中华人民共和国政府关于 1992 年贸易和经济合作的条约》规范[②]。2018 年底，双方签署了《经济合作行动计划》[③]。根据乌克兰的出口战略，中国在优先出口国家中排名第二。根据乌克兰国家统计局统计数据显示，中乌两国贸易量相对较小，且在过去 10 年中没有明显的飞跃（图 9-1），但自 2019 年以来，有超过 30％的增长[④]。

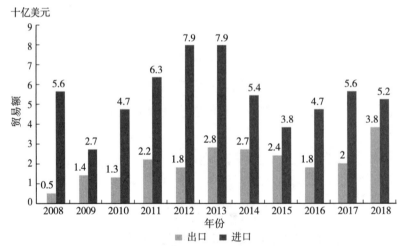

图 9-1 2008—2018 年中国与乌克兰的进出口贸易总额

数据来源：根据乌克兰国家统计局数据整理。

① www.ukrstat.gov.ua/.

② Угода між Урядом України і Урядом Китайської Народної Республіки про торговельно-економічне співробітництво. Режим доступа к ресурсу：https：//zakon. rada. gov. ua/laws/show/156 _ 008＃Text.

③ Довідка щодо діяльності Комісії зі співробітництва між Урядом Україною та Урядом КНР Режим доступа к ресурсу： https：//www. me. gov. ua/Documents/Detail？ lang ＝ uk-UA&id ＝ 85b395bf-133e-43a6-8158-98c7ec60a07c&title＝Kitai-knr.

④ China's economic statecraft in Europe Режим доступа к ресурсу：https：//perconcordiam. com/chinas-economic-statecraft-in-europe/.

（二）农产品贸易现状

2002—2019 年，中乌农产品贸易额由 0.28 亿美元升至 28 亿美元，增长了约 99 倍，整体呈高速上升趋势。农产品在中乌商品贸易中的地位也在持续上升，2002 年双边农产品贸易额仅占商品贸易总额的 1.7%，且 2013 年以前占比一直徘徊在 2%～3%，此后快速提升，2019 年占比达 16%，农产品已经成为两国商品贸易的重要组成部分。

2002—2019 年乌克兰农产品出口中国的规模总体呈平稳上升趋势，2002 年出口 0.44 亿美元，而到 2019 年出口总额为 2.05 亿美元，年均增长约为 19.26%。

2002—2019 年乌克兰对中国的农产品进口规模变动较大。2002—2009 年进口规模缓慢增加，2008—2019 年进口规模呈 W 形变化，在 2019 年达到最高峰，进口额为 26 亿美元（图 9-2）。

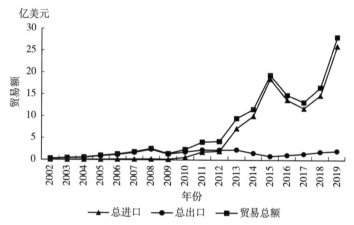

图 9-2 2002—2019 年乌克兰与中国的农产品进出口贸易总额

数据来源：联合国商品贸易数据库（UN Comtrade）。

从双边农产品贸易来看，乌克兰对中国出口的农产品主要是谷物（2018年为 5.522 亿美元）、植物油（2018 年为 4.261 亿美元）、牛奶和奶制品、鸡蛋、蜂蜜（2018 年为 700 万美元）。近年来，乌克兰对中国农产品出口已超过10 亿美元。2018 年底，中国在乌克兰农产品进口国中排名第二。在乌克兰对中国出口的总体结构中，农业食品类产品在 2018 年占 53%的份额。由于农产品进口总值大大超过出口总值，乌克兰与中国的贸易一直呈逆差局势。除了传统的出口产品外，值得关注的是，2018 年从乌克兰出口到中国的牛奶和奶油达到 2 050 吨，价值 320 万美元；乳清 16 525 吨，价值 1 140 万美元；黄油 442 吨，价值 190 万美元；小麦粉 80 562 吨，价值 1 860 万美元；大豆油 53 967 吨，价值 4 000 万美元；菜籽油 66 534 吨，价值 5 060 万美元。[①] 目前乌克兰出口至中国的玉米和葵花籽油分别占中国进口玉米和葵花籽油总量的 90% 和 95%。

据商务部和国家外汇统计局统计，2014 年，中国实现全行业对外直接投资 1 160 亿美元，加上中国企业在国外利润再投资和通过第三地的投资，实际对外投资规模在 1 400 亿美元左右，超出中国利用外资约 200 亿美元。至此中国成为资本净输出国。并且，中国对外出口的产品主要是农副产品、轻工业产品和日用消费品等，这对当时的乌克兰进口需求来说可谓是完全契合，满足了国民对这些产品的需求。较强的双边贸易互补性使双方的贸易额逐渐稳步增长，因此，中国与乌克兰在农产品贸易领域的合作将有非常广阔的发展空间。

二、农业科技合作

国际农业科技合作通常是指通过不同国家之间农业技术的引进、消化、创新和推广来实现生产要素、生产条件的重新组合，以达到使合作各方均获得最大利益的国际技术转移的一种形式。加强国际农业科技合作，是推进农业科技进步，促进农业发展的重要途径。随着 1992 年中乌两国科技合作协定的签署，中国与乌克兰两国的科学院、国家航天局、核工业部、卫生部等部门之间相继签订了有关合作协议，近年来最高层领导的频繁互访使两国科技交流与合作的步伐不断加快，合作领域日渐广阔，主要集中在农业科技示范园区建设、小麦抗病新品种共同研发、马铃薯种植技术研发、小麦品种改良与推广、土壤改良等几个方面。

自 2011 年以来，中国与乌克兰通过科研院所、大学以及一些专门的小组委员会开展农业科技合作。2012 年 5 月、2013 年 10 月、2014 年 9 月分别召开了中乌合作委员会农业合作分会第二次、第三次、第四次会议，并签订了一系

---

① Державна служба статистики України. URL：http：//www.ukrstat.gov.ua.（дата звернення：16.12.2020）.

列合作协议和系列谅解备忘录。特别是在第三次会议上，强调要努力推动中乌农业合作园区建设和开展农业科研合作，并建议尽快签署中乌农业领域科技合作谅解备忘录，这些文件的签署为两国农业科研领域的合作及农业科技示范园区建设提供了强有力的政策支持（赵念力，2015）。早在 2007 年，乌克兰苏梅国立农业大学校长访问中国，参加了"加强大学和研究机构的服务使命，确保世界可持续发展"国际科学与实践会议。到 2012 年，在苏梅国立农业大学（Sumy National Agrarian University，简称 SNAU）教授的倡议下，苏梅国立农业大学（Sumy National Agrarian University）与甘肃省农业科学院农业科学中心签署了一项协议，围绕提高小麦产量、开发抗病新品种方面开展合作。2014 年，贵州马铃薯研究所与苏梅国立农业大学签署了一项协议，其目的是合作种植马铃薯种子并提高其种植效率。2016 年，苏梅国立农业大学（Sumy National Agrarian University）的代表访问了贵州马铃薯研究所。在访问期间，制定了一项关于种植马铃薯种子的科学研究合作计划。

农业科技的合作是中乌农产品贸易合作的基础，由于乌克兰在农业技术上处于世界领先水平，中国也一直寻求农业技术的引进。因此，中乌双方在农产品贸易当中拥有多个农业技术的合作项目（Avdieievayuliia，2016）。例如，乌克兰小麦研究所种植冬小麦的经验及优良品种已在中国北方推广；中国从乌克兰引进的欧洲大甜樱桃 2000 年已结果上市；在新牧草、甜菜、荞麦、小杂粮育种和引进及生态无公害灭鼠药联合研制等方面取得了丰硕的成果。2016 年，为加强与乌克兰的沟通交流，拓展农业科研发展新思路，创新农业科研发展新模式，黑龙江省农垦科学院与乌克兰农业科学院就玉米、大豆育种及栽培技术研究、马铃薯品种的研究、保护性耕作及秸秆还田技术研究、规模化奶牛群体改良技术研究、农业机械化装备研究、植物保护技术研究等方面签订合作协议。此外，黑龙江省国际人才交流协会还与乌克兰国家农业科学院签署五年科技合作协议。双方商定，组建乌克兰国家农业科学院黑龙江省工作站（宋晨曦，2016）。

2017 年，浙江大学金蛋科技有限公司与苏梅国立农业大学在发展和实施联合科学与工业研究、专家交流、人员培训和再培训以及一般研究成果的商业化方面签署了协议。在已签署协议的框架内，双方几乎每年都进行交流与合作。同年，浙江农林大学与 SNAU 签署了合作备忘录，在"一带一路"框架下创建了中乌农村发展联合研究中心，主要包括建立联合实验室、协助浙江农林大学吸引学生去 SNAU 学习、从乌克兰进口木材及引进加工技术、协助建立中乌农业技术传播基地。2017 年 12 月，中国河南科学技术学院与 SNAU 合作引进兽医学学士学位课程。此外，还签署了一项研究生联合培训协议，根据该协议，中方承诺最多选拔 150 人接受硕士学位的培训，并选择 30 人在 SNAU 进行研究生课程学习。2018 年初，浙江农林大学和中国中乌生命科学研究院与 SNAU 在国际协议框架内签署了发展友好关系和交流的备忘录。

2019 年，浙江省桐乡市大力引进乌克兰先进农业技术，中乌双方合作的"乌克兰院士专家工作站项目"依托乌克兰国家科学院专家团队作为技术指导，开展土壤制剂研究与调理改良等方面试验和推广，未来致力于打造农业高质量可持续发展样板。双方合作的另一项目"乌克兰土壤测土改良项目"则是通过开展土质监测、土壤修复、测土配方等相关研究和推广，实现了环境生态循环和农业品质提升，打造成了农业可持续发展的示范样板①。2019 年 7 月 30 日，乌克兰工业家和企业家联盟主办了一次工会联合会，与众多打算在乌克兰开展业务的中国科学家和企业家举行会议，其中有福建三安中科光生物技术有限公司和中国科学院植物研究所等。同年 10 月 21 日至 26 日，第二届高等院校国际科学技术论坛"一带一路：环境与农业技术"在中国河南新乡举行，河南省科技学院与乌克兰共同承担了中乌联合项目"在现代软冬小麦品种中分离具有增强的免疫特性和抗旱性的基因型"。

2020 年，中乌双方一起开发并向乌克兰市场推出了一系列可靠且价格适中的 BASIC 拖拉机型号，其牵引力为 24～102 马力。同年，中国批准了乌克兰菜籽和葵花籽粕生产商清单，允许其出口到中国市场。迄今为止，已有 36 家葵花籽粕生产商和 9 家菜籽粕生产商有权向中国出口。此外，乌克兰国家食品局与中华人民共和国海关总署于 2019 年 11 月 27 日签署了《中华人民共和国海关总署与乌克兰国家食品安全和消费者保护局关于乌克兰油菜籽粕（饼）输华卫生与植物卫生要求议定书》。

乌克兰具有优质的土地资源与适宜的气候资源，但农业发展缺乏资金，农业基础设施相对落后。中乌两国之间进行的农业科技合作，不仅促进了中国农

---

① 嘉兴日报：引进乌克兰、荷兰先进农业技术，石门农开区迎来 6 大项目落户。http：//www.tx.gov.cn/art/2019/9/5/art _ 1631358 _ 37732412. html.

业技术的发展，也有助于提高乌克兰的农业单产水平。中乌农业科技合作使两国都取得了良好的社会效益和经济效益。

三、农业投资合作

截至 2020 年 1 月 1 日，乌克兰吸引了来自中国的 4 000 万美元投资。乌克兰对中国经济的投资额为 60 万美元[①]。根据中国全球投资追踪数据（China-Global-Investment-Tracker）数据，2005 年至 2019 年期间，中国在其他国家/地区的 1 600 多个投资项目中投资了 1.2 万亿美元，其中约 1% 的投资是在乌克兰，即 90 亿美元[②]。中国是最早与乌克兰建立外交关系的国家，自两国建交后双方已经签署了若干经贸领域的协定，例如：《关于鼓励和相互保护投资协定》《关于避免双重征税的协定》《关于海运合作的协定》《关于科技合作协定》《知识产权合作协议》等。中国在乌克兰投资的企业经历了从无到有的发展过程。目前，中国对乌克兰比较突出的投资集中在工业和农业领域，例如锰矿开采和粮食食品投资。除此之外，在服务贸易领域也有部分投资，但比重较低（赵会荣，2019）。

农业产业园区投资方面。2011 年 4 月，中乌双方签署了关于建设中乌农业合作园区的谅解备忘录。2012 年 5 月 25 日，中乌合作委员会农业合作分委会第二次会议在乌克兰基辅举行，中国进出口银行、中国成套工程有限公司与乌克兰财政部、乌克兰国家食品粮食集团共同签署金额达 30 亿美元的《中乌农业领域合作框架协议》。在中乌两国政府的积极推动下，2012 年 12 月，中国进出口银行与乌方签署了提供总额 30 亿美元的农业贷款协议，中国成套工程有限公司与乌根集团正在积极开展此笔贷款项目下的粮食贸易和农用物资出口合作。此外，中乌双方公司还在积极探讨改造灌溉设施，建设粮库、粮食码头、饲料加工企业、养鸭厂等农业开发项目的投资合作。

技术投资方面。2013 年 6 月，中国新疆生产兵团与乌克兰方面签署合作备忘录，将向乌克兰农业投资 26 亿美元，除了资金，更重要的是向乌克兰农

---

① Торговельно-економічне співробітництво між Україною та Китаєм: дані Посольства України в Китайській Народній Республіці та в Монголії (за сумісництвом) Режим доступа к ресурсу: https://china. mfa. gov. ua/spivrobitnictvo/186-torgovelyno-jekonomichne-spivrobitnictvo-mizh-ukrajinoju-ta-kitajem.

② https://inventure. com. ua/analytics/articles/ukraina-kitaj: -gorizonty-dlya-investicij.

业提供技术，用现代化技术种植小麦、玉米、大豆、棉花和其他作物。对于乌克兰的农业投资不仅有助于实现"国家行动计划"中使相关农业企业增加新的就业机会，更有助于向消费者提供高质量的食品，增加乌克兰农产品出口。2017年12月5日，中国与乌克兰签署《中国—乌克兰农业投资合作规划》。该规划的主要目标是在农业生产的所有生产链中扩大投资合作，改善农业基础设施，提高农业资源利用效率和农业生产力，加快农业现代化进程。根据此规划，双方将按照"政府引导、市场运作、企业主体"的原则，鼓励两国企业通过多种方式开展农业投资合作，推动重大项目攻坚，不断提高两国农业投资合作水平。

耕地投资方面。乌克兰种植业平均利润率超过20%，农业投入产出比较高，加之乌农业用地租金低，租赁手续便利，因此对外国资本具有较强吸引力。当前乌政府已将农业作为国民经济发展的支柱产业，加大了吸引外资的力度。中乌泛达农业有限公司（简称泛达公司）是中国河南黄泛区实业集团与乌克兰企业于2013年成立的合资公司。泛达公司收购了科留科夫卡区的两家农场，租赁了6 400多公顷土地，目前累计投资约1 000万美元，主要从事奶牛和肉牛养殖、饲料生产、粮食种植等，为当地农户创造了250多个就业岗位。

产业链投资方面。2016年，中国中粮农业公司在乌克兰米科拉耶夫商港启动了年吞吐量250万吨的粮食和油料中转综合体项目。该投资项目耗资7 500万美元。2017年以来，黄泛区实业集团、中粮集团等中国企业加大对乌投资力度，中国投资已实现对乌克兰农业全产业链的覆盖。由于乌克兰地区适合农业生产，特别是生产小麦、玉米、甜菜等农产品，在国际贸易当中表现最为出色。在中乌甜菜农产品贸易过程中，中国在乌克兰投资设立了多个巨大的生产基地，主要通过来自中国的民间资金进行投资建设，这些甜菜生产基地都雇用乌克兰成熟的农业人员，包括高水平的农业技术人员。

在"一带一路"倡议下，通过扩大两国在农业部门的投资合作，积极推动欧亚地区互联互通，重点参与乌克兰基础设施领域建设与农业投资项目，加强银行等金融机构对乌克兰投融资力度，有助于实现两国经济的互惠互利，加深对贸易和经济问题的认识以及相互支持，从而使中乌在农业领域的投资合作达到新水平。

四、人文交流合作

人文交流是不同文化之间的一种互动，是不同文化之间相互了解、认同、交融的重要前提。"一带一路"倡议提出之后，加强中乌之间的人文交流合作有利于双方增进了解、达到互信。现阶段中国与乌克兰的人文交流合作主要包括留学教育、共建孔子学院、开展文化节活动等。

人文交流中的国际教育合作是促进国家交往优先事项和利益的主要工具之一，是国家软实力的体现。中国与乌克兰友好合作关系为国际教育合作提供了良好的基础。中国与乌克兰省级教育合作的主要执行机制是中国与乌克兰在教育领域的合作小组委员会，该小组委员会于 2011 年在中国政府与乌克兰政府合作委员会的框架内成立。该委员会为保证交换生奖学金名额，在实施中乌双学位课程等技术教育领域达成合作协定做出了突出贡献。中华人民共和国教育部与乌克兰教育和科学部于 2017 年签署了关于未来五年在教育领域合作的协议。在 2019 年小组委员会的框架内，举行了中国和乌克兰大学校长论坛会议，中国 20 所大学和乌克兰 12 所大学的代表参加了会议，会议通过了《教育合作小组委员会 2019—2021 年行动计划》，确定了两国双边教育合作领域的优先事项。小组委员会下次会议定于 2021 年举行①。2019 年，有 3 000 多名乌克兰学生在中国学习，超过 3 500 名中国学生在乌克兰接受了高等教育。乌克兰针对中国公民的高等教育主要信息来源是乌克兰教育和科学部的国家国际教育中心，这是处理乌克兰教育信息的唯一官方国家平台②。2019 年 10 月 30 日，"一带一路"中国-乌克兰高等教育交流与合作座谈会在河南召开，华北水利水电大学、河南师范大学、河南理工大学、乌克兰国立塔夫里维尔那茨基大学、乌克兰国立水与环境工程大学、乌克兰国立交通大学、乌克兰国立生命与环境科学大学等七所高校签署双边合作备忘录。高等教育交流与合作座谈会是中乌人文交流的重要方式之一，通过创新合作理念、强化合作机制、明确合作重

---

① Співпраця у сфері освіти：дані Посольства України в Китайській Народній Республіці та в Монголії (за сумісництвом) Режим доступа к ресурсу：https：//china. mfa. gov. ua/spivrobitnictvo/4965-spivpracya-v-galuzi-osviti.

② Український державний центр міжнародної освіти Міністерства освіти і науки України Режим доступа к ресурсу：www. studyinukraine. gov. ua.

点，为推进双边"一带一路"教育行动计划，深化中国与沿线国家教育交流与合作起到了重要作用。

2007 年 5 月，乌克兰卢甘斯克国立大学孔子学院成为乌克兰首家中乌合作建立的非营利性教育机构，其宗旨和使命是增进乌克兰人民对中国语言和文化的了解，发展中乌友好关系。学院将秉承孔子"以和为贵"的理念，为促进世界多元化发展，构建和谐世界贡献力量。该孔子学院成立以来，办学规模不断扩大，学生人数已从 2007 年刚建院的 145 名发展到 2013 年的 3 355 名。2010 年以孔子学院为依托，卢甘斯克国立大学成立了中国国内高校首家乌克兰研究中心，该研究中心与孔子学院共享资源，以人才培养与教育文化交流为桥梁，全面促进中乌双方的政治、经济及其他领域的合作。2012 年在乌克兰首都基辅等大中小学建立了 13 个汉语教学点，初步形成了汉语教学网络，现已发展成为乌克兰东部汉语语言文化中心。孔子学院完成了中国国家汉语国际推广领导小组《中国地理》《中国文化》《中国历史》三套书的乌克兰语翻译及《汉语乐园》《当代中文》两部教材的乌克兰语改编。孔子学院为乌克兰民众打开了一扇了解中国文化的世界之窗，一系列完整、隆重的文化活动，使两国人民之间更加相互理解和相互尊重。2008 年 11 月，由中国吉林大学和乌克兰国立基辅舍甫琴科大学合作创办的乌克兰第二所孔子学院举行揭牌仪式。国立基辅舍甫琴科大学是乌克兰的学府，目前有 200 多名学生在学习汉语。2008 年 12 月，安徽大学与乌克兰哈尔科夫国立大学合作创办了乌克兰第三所孔子学院哈尔科夫国立大学孔子学院。2020 年 3 月，兰州理工大学与乌克兰文尼察国立技术大学正式合作建立乌克兰文尼察国立技术大学孔子学院，成为乌克兰第四所孔子学院。这些孔子学院的建立和发展必将成为中乌两国交往的桥梁，有力推动两国在教育、文化等领域的合作与交流。

中国与乌克兰的人文交流还包括开展文化节活动。2017 年 4 月 24 日，"一带一路"中乌文化交流周开幕式在基辅乌克兰宫隆重举行。此次"一带一路"中乌文化交流周由中国中央美术学院、乌克兰国立美术与建筑学院、世界中医药联合会丝绸之路城市联盟等单位联合主办，活动从 4 月 24 日持续至 30 日，其间展示了中国绘画、音乐、书法、陶瓷、丝绸、茶艺、中医等精华元素，是中国文化第一次全方位走进乌克兰。2019 年 8 月 23 日，乌克兰第二大城市哈尔科夫隆重举办"中国文化日"活动。哈尔科夫市民在市中心的高尔基文化公园观看中国济南吕剧院带来的山东地方戏曲——吕剧表演，演出包括剧院优秀传统保留剧目《逼婚记》、传统吕剧《桃李梅》等优秀传统吕剧表演选段、水袖表演，戏曲服饰、头饰秀，民乐小合奏和独奏等。内容丰富多样，极具济南传统民族文化特色，让乌克兰观众充分领略到鲁声泉韵的魅力。

第三节　中国与乌克兰农业合作潜力深厚

乌克兰土壤肥沃、农业科技基础雄厚、农业机械化和电气化程度很高，与中国在农业资源开发、农产品贸易、农业技术、农业投资等方面具有很强的互补性，尤其是在"一带一路"倡议提出以后，围绕双方的共同发展需求和比较优势，双方在农业政策沟通、农产品贸易、基础设施共建以及农业科技等方面的合作潜力巨大。本节主要从以下几个方面提出加强中国与乌克兰农业合作的对策建议。

一、积极构建农业政策对话平台

农业政策方面的沟通是中国与乌克兰农业合作中最重要的内容之一。涉及主体众多，不仅包括双方政府、农业科研机构、农业部门，还包括农业企业等。积极构建中乌农业政策对话平台，加强农业政策沟通，有助于建立互信，从而促进中乌农业合作的顺利开展。

（一）强化顶层设计，从国家层面构筑农业对外合作新机制

中乌双方应当充分发挥委员会的统筹规划和指导协调作用，全面深化共建"一带一路"农业合作，发挥各自优势，挖掘合作潜力，促进共同发展。例如，2020年12月中乌两国举行的政府间合作委员会第四次会议，从国家层面强化了中乌双方在贸易、交通基础设施、产业投资、农业、能源、金融、科技、人文、卫生等重点领域的合作任务，所签署的《中华人民共和国政府和乌克兰政府关于共建丝绸之路经济带和21世纪海上丝绸之路的合作规划》为推动中乌两国务实合作明确了行动指南。

（二）构建全方位战略对接合作，拓宽农业政策沟通渠道

自 2011 年双方建立中乌战略协作伙伴关系，双边各领域合作不断深入推进。2014 年，两国签署有关乌克兰参与"一带一路"建设的双边议定书，明确了农业作为合作的主要方向之一。中乌双方应当在"一带一路"倡议合作框架下达成农业投资、农产品贸易、农业技术合作等具体领域的战略协议，结合中乌两国国情，搭建农业层级合作机制，把两国的农业合作逐渐向产业链上游农业生产环节延伸，拓宽农业政策沟通渠道，从而增进政治互信和合作共识、减少试错成本、提高合作效率。

（三）增强政治互信，建立和完善农业领域对话协调机制

中乌关系稳定、发展的基础是互信。近年来，虽然中乌贸易规模不断扩大，但农产品贸易仍处在总量少、规模小的阶段，贸易壁垒、农业投资敏感性问题仍然突出，若双方均以自身利益为出发点，就会出现目标不同、方式不同的局面，不利于双方之间的贸易往来。因此，要在双边合作框架内发展农业合作机制与平台，将双边交流平台打造成为跨境跨部门合作的重要载体，通过设立专业的农业合作服务平台机构，为中乌企业进行农业合作提供全方位、系统、优质的服务，以此来提高双方农业合作效果，推进中乌农业合作深度、广度，并沿着可持续的方向发展。

二、夯实基础设施建设，挖掘农产品贸易潜力

根据乌克兰农业经济学院国家研究中心数据，2019 年中国成为乌克兰农产品最大进口国，总金额 19.55 亿美元，占乌农产品出口总额的 8.7%，超过此前连续三年占据榜首的印度。中国进口乌克兰农产品总量同比增长超过 50%（中华人民共和国商务部，2020）[①]。目前，中乌农产品双边贸易虽然发展态势良好，但仍存在许多问题，为更好地推进两国农产品贸易合作的发展，两国还需做出许多努力。

---

① http：//www.mofcom.gov.cn/article/i/jyjl/e/202002/20200202937439.shtml.

(一)加快推进中乌自由贸易区谈判,建设双边或者多边自贸区

2018年,乌克兰第一副总理兼经济发展和贸易部长向中国提议加强双边合作,并开始就建立自贸区的条件进行磋商。建立自贸区有助于通过设置关税互惠规则减少关税和非关税壁垒,并在一定程度上发挥市场配置资源的功能。可以通过竞争提高服务质量,改进管理,降低成本;有利于引进先进技术和管理经验,以便进一步提高服务的专业水平;有利于拓宽双边贸易的发展空间,使现行农产品贸易市场更加丰富活跃,促进贸易区各国经济效益水平逐步提高,不断发掘中乌农产品贸易潜力。为了更好地实现规模效益,加快农业经济的发展,从而提高农产品国际竞争力,中乌两国应当加快推进中乌自由贸易区谈判,通过互惠协议等方式,降低交易成本,加强改善公路、铁路、航空等口岸条件,优化通关程序,简化和统一农产品进出口及运转过程中的相关手续和程序。通过协调国际通关,构建统一的运输规则,实现国际物流的便利化,从而加快中乌推进农、牧业产品贸易区域一体化进程。

(二)加快基础设施建设,提高农产品贸易效率

乌克兰在1992年后依旧保留有较为完整的工业体系,铁路设施和线路网络较为完善。在跨欧运输网络框架协议(TEN-T)下,乌克兰致力于投资并完善自身铁路网,与欧盟委员会良好的沟通使其投资项目不只停留于纸面上。在乌克兰所有进出口集装箱中,有55%是通过其铁路网络完成运输的。它还有黑海天然良港敖德萨(Odesa)和切尔诺莫斯克港口(原名:伊利伊雷夫斯基港),港口至首都基辅、工业重镇哈尔科夫和第聂伯罗的铁路十分便利。中乌双方应当继续发展跨国运输通道,积极参与"一带一路"运输基建发展项目,从而促进区域流通与交易,提高农业合作效率。在仓储基础设施方面,中乌应大力推进高级仓储设施共建,依据不同农作物生产布局及仓储存放特性进行建设,同时还可以改造或新建现代化标准仓容,提高农产品仓储安全系数,减少粮食产后储藏损耗,以提升农产品储备能力。健全公共服务是开展中乌农业合作的重要基点。中乌可以通过建立农业对外合作公共信息服务平台,启动农业对外合作企业信用评价试点,初步建立重点项目库和政策信息库,系统梳理农业对外投资项目,从而提升双方贸易潜力,为中乌农业对外合作提供有力支撑(吕珂昕,2017)。

（三）充分发挥中乌农业比较优势，优化农产品贸易结构

中乌双边贸易目前仍是基于自然禀赋差异比较优势基础上的贸易，乌克兰农产品出口高度依赖中国市场，中国一直是乌克兰最大的玉米出口国。从目前的全球经济形势来看，乌克兰农产品出口的重点将主要放在中国市场。两国应本着互利共赢的宗旨增强合作，加快实施已经拟定的合作方案，促进双方合作结构优化，拓宽贸易产品种类，优化贸易商品结构，发展农产品跨境电子商务，加强"一带一路"沿线国家农产品检验检疫合作交流，共建安全、高效、便捷的进出境农产品检验检疫监管措施和农产品质量安全追溯系统，共同规范市场行为，提高动植物安全卫生水平。同时，利用两国特点进行经济和产业的互补，使得农产品贸易规模进一步扩大（黄佳琪，2014）。此外，两国应扩大高附加值农产品出口，通过与高校和农业科学院所联合培养科技型人才、推广型人才和应用型人才，从而使双边出口的农产品具有技术优势。农业合作过程中必须高度重视农业科技和农业技术创新合作，注重农业科学的研究与应用合作，加强科技引进与开发合作，以科技合作带动加快推动两国农业合作升级的进程，这将是今后中乌农产品贸易合作的重要增长点。

三、加强农业投资合作，完善金融保障体系

虽然目前两国经贸合作仍以商品贸易为主，但随着乌克兰经济的发展以及居民消费水平的提高，单一的商品贸易已不能适应双方需求，加强投资将成为双方合作的主要方向。乌克兰是"一带一路"沿线国家，两国在农业、通信、基础设施等领域的合作已经打下了良好的基础。不少中国企业，如华为、中兴通讯等，在乌克兰发展势头良好。2016年1月1日，欧盟-乌克兰自由贸易区协定正式生效。乌欧自贸区的启动，使得乌克兰在沟通欧亚交流与合作方面的地理优势更加突出。中国企业在乌克兰生产、原料采购上能够享受乌欧自贸区内的价格优惠，降低生产成本；生产的产品不仅可以供应中乌两国，还能便利地进入欧洲市场。但近年来中国与乌克兰两国间的相互投资仍在低位徘徊，发展空间巨大。

（一）加大政府间农业投资政策支持力度

推进中乌农业投资的计划，首先，政府应该搭建合作平台，充分利用宏观

政策调控，为两国农业企业开展投资合作提供公共支持。其次，应当形成畅通、便利的民间合作渠道，鼓励企业间的跨国农业投资合作。最后，两国政府应积极推进双边农业投资合作管理方式改革，积极推进投资项目备案制，放松外汇管制，积极推进双边投资保护协定和避免双重征税协定谈判，保护农业投资企业的合法权益。两国政府应对本国企业加强政策引导，不断改善农业生产条件，促使两国农业合作项目、农业劳务输出进一步规范有序地进行。

（二）搭建 "政府-协会-企业" 的中乌农业投资服务体系

中乌双方应当建立涉及具体行业、具体领域的农业投资协会，协调涉及农业投资领域的相关部门，根据两国农业产业特点和发展优劣势，制定行业规范和投资准则，防止恶性竞争，制定农业投资合作中长期发展战略。要加强协会的信息网络建设，完善相关配套政策和措施，组织专门研究队伍，加强农业投资政策、法律、市场、项目、咨询、风险预警与防控等信息的收集和分析，建立有关农业政策、农业技术、市场需求等信息公众共享平台等。可以由政府和企业负责人共担理事，通过这些机构为双方企业提供一些必要的信息，加强双边企业间的劳务合作、成果展销、技能培训、信息共享、项目对接等商业交流。

（三）完善中乌投资的农业金融保障体系，降低投资风险

农业弱质产业和微利行业的特性决定了以农业生产为主要目标的海外农业投资合作将会有周期长、回报率低、风险高等特点。因此需要两国政府完善金融保障体系，降低企业海外投资风险。具体来说，两国政府可以建立中乌农业投资项目库，对农业投资企业进行定点跟踪服务，并统筹丝路基金、亚投行等各路资金，为两国农业企业开展农业投资合作提供融资支持和补贴扶持。择优选取一批有发展前景的中小型农业企业给予重点政策扶持，鼓励其加快引进新设备、新技术、新工艺，促进其精细化加工生产，有效地提高农产品附加值，形成农业市场竞争优势，拓展农产品产业链，不断增强市场竞争力，适时推动其境外投资发展。

四、创新农业合作模式，促进农业科技交流合作

乌克兰农业较为发达，农业科研体系较为完善，以乌克兰农科院为代表的

农业科技具有巨大的潜力，在优良冬小麦、玉米、甜菜、优良牧草、高产高质的欧洲大甜樱桃育种方面有独到之处。虽然目前中乌农业合作仍以农产品贸易为主，但随着《中华人民共和国政府和乌克兰政府关于共建丝绸之路经济带和21世纪海上丝绸之路的合作规划》《农工综合体投资合作计划》等合作战略协议的签订，未来在强化农业科技交流合作方面拥有广阔的前景。

（一）共建农业科技园区，搭建现代智慧农业服务平台

中乌双方可以通过共同构建农业科技联盟和农业科技园区，形成区域共治机制，通过数据赋能、金融助力、有序监管，建立并完善适应农产品网络销售的供应链体系、运营服务体系和支撑保障体系。依托中乌农业科技园区的技术、规模与产品加工优势，将农业生产单位、物联网和系统集成企业、运营商和科研院所相关人才、知识科技等优势资源互通，形成高能效、可管理、高流动性的资源池，从而充分应用现代信息技术成果推动农业全产业链改造升级，提升中乌农业合作效益。

（二）创新农业技术合作模式，推动农业企业科技合作

创新合作模式的主要思路是将当前的科研项目、示范园区以及合作基地有机连接起来，达到"1+1＞2"的效果。有两种可操作性模式：一是基于"项目-人才-基地"的联合实验室模式，选取技术实力雄厚、农业科技与中国互补性强、合作基础好的大学或科研机构，利用其已有的试验设施条件，建立联合研发实验室，组建研发战略联盟；二是基于"技术研发-集成-推广示范"为导向的农业科技试验示范中心等模式，促进科技成果向国际化转变（程长林等，2017）。

（三）联合培养科技创新人才，加快农业科技成果转化

农业发展离不开农业科技创新，农业技术的研发离不开科技创新人才。中乌双方首先应当鼓励两国农业科技人员相互学习，依托中乌联合实验室、技术试验示范基地和农业科技示范园区，开展动植物疫病疫情防控、种质资源交换、共同研发和成果示范，建设中乌农业高端智库和人才培训基地，促进在品种、技术和产品方面的合作交流。

自从1992年中乌建交以后，乌克兰与中国的农业合作先后经历了起步阶

段、平稳发展阶段和高速发展阶段，总体发展趋势较为乐观。在"一带一路"倡议提出后，又将双方农业合作推入新的高潮，双方在农产品贸易、农业科技、农业投资以及人文交流等四个领域开展的农业合作，实现了各方优势互补，互惠双赢。同时围绕双方的共同发展需求和比较优势，中国与乌克兰在农业政策沟通、农产品贸易、基础设施共建以及农业科技等方面的合作有着巨大的开发潜力。基于上述分析，提出相关农业合作的对策建议助力中国与乌克兰开展更高层次的农业合作，包括：积极构建农业政策对话平台，夯实基础设施建设，挖掘农产品贸易潜力，加强农业投资合作，完善金融保障体系、创新农业合作模式，促进农业科技交流合作等。

参考文献

References

白玉兰，2015.1991 年以来乌克兰高等教育改革研究［D］. 江苏：东南大学．

陈爱，2018. 乌克兰农机展及乌克兰农机市场分析［J］. 农机质量与监督，（12）：45.

陈晓景，2009. 乌克兰生态环境用水法律政策及启示［J］. 公民与法（法学版），（5）：61-64.

达莎，2016. 中国对乌克兰直接投资对双边贸易的影响研究［D］. 北京：中央民族大学．

董映璧，2002. 乌克兰国家科技创新体系［J］. 科学学研究，（2）：218-220.

杜漪，1999. 乌克兰的农业现状与改革趋势［J］. 今日东欧中亚，10（2）：38-40.

傅晨，1997. 乌克兰农业体制的变化［J］. 世界农业（5）．

高翔，2015. 乌克兰近十年耕地多尺度时空动态变化分析［D］. 成都：西南交通大学．

何茜，叶密，吴杰，2019. 乌克兰养蜂业现状及发展前景［J］. 中国蜂业，70（7）：64-66.

教育领域的合作：来自乌克兰驻中华人民共和国和蒙古国大使馆的数据（兼职）资源获取方
式：https：//china. mfa. gov. ua/spivrobitnictvo/4965-spivpracya-v-galuzi-osviti

李姬花，2016. 乌克兰研究（第 2 辑）［M］. 北京：中国社会科学出版社．

李谦如，2006. 乌克兰的科技潜力与对乌科技合作［J］. 今日科技，（12）：11-13.

李谦如，2008.2007 年乌克兰科技发展综述［J］. 全球科技经济瞭望，23（3）：57-59.

李谦如，2010. 乌克兰科技发展现状的研究［J］. 全球科技经济瞭望，25（7）：17-21.

李秀蛟，2020. 乌克兰农业土地现状与市场化改革［N］. 中国社会科学报，（7）．

梁雪秋，2019."一带一路"背景下黑龙江省与乌克兰农业合作研究［J］. 商业经济，（4）：
18-21.

林治华，1986. 乌克兰农业所有制改革及其特点［J］. 俄罗斯中亚东欧研究，2003（4）：44-
50，95.

苗雪婷 . 乌克兰工业企业科技创新能力浅析［J］. 科技中国，2021（8）：59-63.

刘晓冰，宋世绵，2000. 乌克兰的农业改革及其研究方向［J］. 世界农业，（4）：8-9.

刘英杰，任晰，汪小刚，2019."一带一路"农业合作国别指南［M］. 北京：中国农业出版社．

刘珉，2017. 乌克兰林业发展的启示［J］. 林业与生态，（8）：28-31.

玛丽娜，2019. 乌克兰与中国双边经贸关系研究［D］. 海口：海南大学．

176

梅颖，那传林，2015. "乌克兰农业教育体系研究"概要［J］. 中国职业技术教育，（10）：76-78.

米军，黄轩雯，2011. 当前乌克兰经济形势及影响因素分析——兼论中乌经贸合作［J］. 乌克兰研究，（00）：94-108.

农业专家寻求美国和中国贸易的稳定资源. https://www.chinadaily.com.cn/a/202005/21/WS5ec5f6ffa310a8b2411574dc.html

任宗华，1997. 乌克兰国立林业技术大学简介［J］. 中国林业教育，（5）：48.

斯蒂潘·娜塔莉亚，肖春阳，王正友，2020. 乌克兰在世界粮食安全中的地位和作用［J］. 中国粮食经济，（11）：30-31.

宋兆杰，曾晓娟，2015. 乌克兰与俄罗斯科技创新能力比较研究［J］. 科技管理研究，35（10）：37-41.

王惠芝，2015. 博洛尼亚进程中的乌克兰高等教育：变革与挑战［J］. 上海教育评估研究，4（2）：39-43.

乌克兰教育和科学部的乌克兰国家国际教育中心 www.studyinukraine.gov.ua

乌克兰教育体制. https://web.archive.org/web/20 070 219 233 923/http：//seua.net：80/wzdh/jytz.htm.

乌克兰与中国之间的科学技术合作：乌克兰驻中国大使馆 https://china.mfa.gov.ua/spivro-bitnictvo/187-naukovo-tehnichne-spivrobitnictvo-mizh-ukrajinoju-ta.

乌克兰与中国之间的贸易与经济合作：来自乌克兰驻中华人民共和国和蒙古国大使馆. https://china.mfa.gov.ua/spivrobitnictvo/186-torgovelyno-jekonomichne-spivrobitnictvo-mizh-ukraji-noju-ta-kitajem

乌克兰政府与中华人民共和国政府之间关于贸易和经济合作的协定。资源访问模式：https://zakon.rada.gov.ua/laws/show/156_008♯Text

吴天锡，2004. 乌克兰农业发展历程及前景展望［J］. 世界农业，（1）：41-42.

杨光宇，李楠，滕占伟，2009. 乌克兰的大豆生产与科研概况［J］. 大豆科技，（1）：47-48.

袁礼，张若男，易鹏兴，2019. 乌克兰职业教育现状与发展趋势研究［J］. 深圳职业技术学院学报，18（1）：71-76.

张谦，2001. "蓝天下的学校"——乌克兰学前教育散记［J］. 比较教育研究，（7）：55-58.

赵念力，周亚光，苏爱华，等，2015. 中乌农业科技示范园区建设浅析［J］. 农业经济，（7）：55-56.

赵小姝，2004. 乌克兰工业科技市场的现状与潜力［J］. 俄罗斯中亚东欧市场，（1）：34-35.

赵鑫. 2021 乌克兰农业发展现状分析及中乌农业合作机遇［J］. 农业经济，（9）：125-126.

中国：充满希望和挑战的国家. https://ldaily.ua/en/news/analitika/kytaj-krayina-perspektyv-i-vyklykiv/

中国在欧洲的经济治国之道资源访问模式：https：//perconcordiam. com/chinas-economic-state-craft-in-europe/.

中华人民共和国驻乌克兰大使馆经济商务处. 2020. http：//ua. mofcom. gov. cn/.

中华人民共和国驻乌克兰大使馆经济商务处. http：//ua. mofcom. gov. cn/.

朱晶，张庆萍，2014. 中国利用俄罗斯、乌克兰和哈萨克斯坦小麦市场分析 [J]. 农业经济问题，35 (4)：42 - 50，111.

诸惠芳，1997. 乌克兰教育现状 [J]. 课程. 教材. 教法，(3)：64.

Nadiia. S. Kalashnyk，王一涛，2014. 乌克兰私立高等教育及其公务员的成人教育 [J]. 浙江树人大学学报（人文社会科学版），14 (1)：27 - 31.

Ag experts seek stability in trade for US, China Режим доступа к ресурсу：https：// www. chinadaily. com. cn/a/202005/21/WS5ec5f6ffa310a8b2411574dc. html

Arkadiusz Sarna，2014. The transformation of agriculture in Ukraine：From collective farms to agroholdings [J]. Centre for Eastern Studies.

China：the country of prospects and challenges Режим доступа к ресурсу：https：//ldaily. ua/en/ news/analitika/kytaj-krayina-perspektyv-i-vyklykiv/

China's economic statecraft in Europe Режим доступа к ресурсу：https：//perconcordiam. com/ chinas-economic-statecraft-in-europe/

Diyesperov V，2010. Earth as the main natural resource and rural areas of the country. Economy AIC. 9. p. 102 - 109.

FAOLAX Database. http：//www. fao. org/faolex/results/details/en/c/LEX-FAOC 191009

Maria NIJNIK，2001. Agriculture in the Ukraine：Trends and impacts of transition [R]. Paper presented at ACE Seminar on Environmental Effects of Transition and Needs for Change.

Mykola Malik，Volodymyr Pulim. Development of agricultural marketing cooperatives in Ukraine.

O. Kratt，K. Pryakhina，M. Bilyk SHS Web of Conferences 39，01014 (2017) Ukrainian-Chinese collaboration：Prospects of development.

Serhiy Moroz，Structural changes in agriculture of Ukraine：results and perspectives.

Zinovchuk V. Remodeling cooperative sector in transitional agriculture：Case of Ukraine.

Zvi Lerman，2013. Cooperative development in Central Asia [R]. FAO Regional Office for Europe and Central Asia.

Магистерская программа《Агрокебеты》. URL：agrokebety. com/.

Департамент аграрной политики. [Электронный ресурс]. URL：https：//zakon. rada. gov. ua/ rada/show/v0026915-20♯Text

Державна служба статистики України. URL：：http：//www. ukrstat. gov. ua. （дата звернення：16. 12. 2020).

Директорат агропромышленного развития. ［Электронный ресурс］. URL：https：//zakon. rada. gov. ua/rada/show/v0255915-20♯Text

Директорат государственной политики в сфере санитарных и фитосанитарных мер. ［Электронный ресурс］. URL：https：//ips. ligazakon. net/document/view/RE35349? an＝1

Директорат сельского развития. ［Электронный ресурс］. URL：https：//zakon. rada. gov. ua/rada/show/v0266915-20♯Text

Довідка щодо діяльності Комісії зі співробітництва між Урядом Україною та Урядом КНР Режим доступа к ресурсу：https：//www. me. gov. ua/Documents/Detail? lang ＝ uk-UA&id ＝ 85b395bf-133e-43a6-8158-98c7ec60a07c&title＝Kitai-knr-

Китайские инвесторы добрались до украинского села. URL：https：//inventure. com. ua/news/ukraine/kitajskie-investory-v-ukrainskom-sele (дата звернення：18. 12. 2020).

Крачок Л. И. 2013. Новейшие технологии в сельском хозяйстве: проблемы и перспективы внедрения / Л. И. Крачок // Сталий розвиток економіки. № 3. С. 224 – 231.

Крачок Л. И. Новейшие технологии в сельском хозяйстве: проблемы и перспективы внедрения/ Л. И. Крачок//Сталий розвиток економіки. —2013. —№3. —С. 224 – 231. —Режим доступа: http：//nbuv. gov. ua/UJRN/sre _ 2013 _ 3 _ 50.

Магистерская программа 《Агрокебеты》. URL：agrokebety. com/.

Міністерство закордонних справ України. URL：https：// mfa. gov. ua (дата звернення：15. 12. 2020).

Міністерство розвитку економіки, торгівлі та сільського господарства України. URL：https：// www. me. gov. ua/? lang＝uk-UA (дата звернення：15. 12. 2020).

Науково-технічне співробітництво між Україною та Китаєм: дані Посольства України в Китайській Народній Республіці Режим доступа к ресурсу：https：//china. mfa. gov. ua/spivrobitnictvo/187-naukovo-tehnichne-spivrobitnictvo-mizh-ukrajinoju-ta-kitajem

Програма українсько-китайського інвестиційного співробітництва в агропромисловому комплексі. URL：https：//zakon. rada. gov. ua/laws/show/156 _ 004-17♯Text (дата звернення：17. 12. 2020).

Співпраця у сфері освіти: дані Посольства України в Китайській Народній Республіці та в Монголії (за сумісництвом) Режим доступа к ресурсу：https：//china. mfa. gov. ua/spivrobitnictvo/4965-spivpracya-v-galuzi-osviti

Торговельно-економічне співробітництво між Україною та Китаєм: дані Посольства України в Китайській Народній Республіці та в Монголії (за сумісництвом) Режим доступа к ресурсу：https：//china. mfa. gov. ua/spivrobitnictvo/186-torgovelyno-jekonomichne-spivrobitnictvo-mizh-ukrajinoju-ta-kitajem

Угода між Урядом України і Урядом Китайської Народної Республіки про торговельно-економічне співробітництво. Режим доступа к ресурсу：https：//zakon. rada. gov. ua/laws/show/156 _ 008 ♯Text

Українська Асоціація Аграрного Експорту URL：http：//uaexport. org (дата звернення：21. 12. 2020).

Український державний центр міжнародної освіти Міністерства освіти і науки України Режим доступа к ресурсу：www. studyinukraine. gov. ua

Як збільшити та диверсифікувати український експорт до Китаю: аналіз та рекомендації/ Олександр Шепотило та ін. URL：https：//kse. ua/wp-content/uploads/2019/12/KSE-Trade-Markets-in-Focus-China. pdf (дата звернення：15. 12. 2020).

图书在版编目（CIP）数据

乌克兰农业／魏凤，（乌克兰）沃洛季米尔·丘尔切夫主编. —北京：中国农业出版社，2021.12
（当代世界农业丛书）
ISBN 978-7-109-28587-3

Ⅰ.①乌… Ⅱ.①魏… ②沃… Ⅲ.①农业经济—研究—乌克兰 Ⅳ.①F351.133

中国版本图书馆 CIP 数据核字（2021）第 149598 号

乌克兰农业
WUKELAN NONGYE

中国农业出版社出版
地址：北京市朝阳区麦子店街 18 号楼
邮编：100125
出版人：陈邦勋
策划统筹：胡乐鸣 苑 荣 赵 刚 徐 晖 张丽四 闫保荣
责任编辑：张楚翘
版式设计：王 晨 责任校对：刘丽香
印刷：北京通州皇家印刷厂
版次：2021 年 12 月第 1 版
印次：2021 年 12 月北京第 1 次印刷
发行：新华书店北京发行所
开本：787mm×1092mm 1/16
印张：12.5
字数：195 千字
定价：68.00 元